sushis, makis & Cie

carnet de cuisine

LAROUSSE

21 rue du Montparnasse 75283 Paris Cedex 06

Édition originale
Cet ouvrage a été publié pour la première fois en 2012 sous le titre *Sushis* par McRae Publishing Ltd.

Édition : Anne McRae
Direction artistique : Marco Nardi
Photographies : Brent Parker Jones
Textes : Carla Bardi

Édition française
Direction éditoriale : Delphine Blétry
Édition : Coralie Benoit
Traduction : Hélène Nicolas
Direction artistique : Emmanuel Chaspoul
Réalisation : Belle Page, Boulogne
Couverture : Véronique Laporte

ISBN : 978-2-03-587048-3
Dépôt légal : janvier 2013
Imprimé en Chine

Sommaire

Bon appétit !

Cet ouvrage réunit plus de 100 délicieuses recettes de sushis et de sashimis. Leur niveau de difficulté est indiqué en tête de chaque recette par les chiffres 1 (pour les simples), 2 (pour les moyennement faciles) et 3 (pour les plus élaborées). Les ingrédients et ustensiles propres à la gastronomie japonaise peuvent se trouver dans les épiceries asiatiques. Les recettes ci-dessous ont été sélectionnées spécialement pour vous mettre l'eau à la bouche !

LES SIMPLISSIMES

Nigiris aux POIVRONS GRILLÉS

Makis TEX MEX

Oshis SAUMON & CRABE

Temaris VÉGÉTARIENS

Chirashi SAUMON & THON

Makis au TEMPURA DE CREVETTES

Makis de CALMAR FARCI

Uramakis VÉGÉTARIENS

CHAKIN

LES EXPERTES

Makis ARC-EN-CIEL

LES TRADITIONNELLES

83

EDOMAE chirashi

31

Makis CALIFORNIA

48

Oshis au MAQUEREAU

62

Nigiris à L'OMELETTE JAPONAISE

66

Gunkans au POULET TERIYAKI

24

Makis VÉGÉTARIENS

64

Assiette de NIGIRIS

NOS COUPS DE CŒUR

43

Uramakis CAROTTES & AVOCATS

81

Temakis THON & CRUDITÉS

102

Sashimi de VIVANEAU

VOICI LE PALMARÈS DE NOS MEILLEURES RECETTES !

13

Uramakis OMELETTE & AVOCAT

47

Temakis VÉGÉTARIENS

73

Nigiris ASPERGES & SAUMON FUMÉ

101

Assiette de SASHIMIS

118

Soupe miso ENOKI & OIGNONS

Le riz à sushis

Riz à SUSHIS

- 500 g de riz rond japonais
- 75 cl d'eau
- 4 cuill. à soupe de vinaigre de riz
- 2 cuill. à soupe de sucre en poudre
- 1 cuill. à café de sel

Pour 4 à 8 personnes • Préparation : 10 min • Repos : 15 min • Refroidissement : environ 1 h • Cuisson : 5 min • Difficulté : 1

1. Rincez le riz dans une passoire sous l'eau courante jusqu'à ce que l'eau soit claire.
2. Mettez le riz et l'eau dans une casserole de taille moyenne. Couvrez, puis faites chauffer à feu moyen jusqu'à ébullition. Réduisez le feu et laissez mijoter 5 minutes. Retirez, puis laissez reposer 15 minutes à couvert.
3. Faites chauffer le vinaigre, le sucre et le sel à feu doux, dans une petite casserole, en remuant jusqu'à complète dissolution du sucre. Retirez et laissez refroidir.
4. Transférez le riz dans un grand bol et incorporez le mélange vinaigré en mélangeant bien. Laissez le riz refroidir jusqu'à ce que vous puissiez le manipuler.

Si cette recette vous plaît, vous aimerez aussi…

30

Uramakis NOIX DE SAINT-JACQUES & AVOCAT

62

Nigiris à L'OMELETTE JAPONAISE

91

Chirashi VÉGÉTARIEN

Sauces & condiments

GINGEMBRE mariné

- 250 g de gingembre
- 2 cuill. à café de sel
- 25 cl de vinaigre de riz
- 6 cuill. à soupe d'eau
- 4 cuill. à soupe de sucre en poudre

Pour 50 cl • Préparation : 15 min • Repos : 2 ou 3 h • Marinade : 5 à 7 jours • Cuisson : 5 min • Difficulté : 1

1. Pelez et émincez finement le gingembre avec un couteau aiguisé. Placez-le dans une assiette creuse et saupoudrez-le de sel. Laissez reposer 2 ou 3 heures.
2. Séchez les tranches avec du papier absorbant. Mettez-les dans un bocal en verre stérilisé résistant à la chaleur.
3. Mélangez le vinaigre de riz, l'eau et le sucre dans une petite casserole. Faites chauffer à feu moyen, en remuant jusqu'à complète dissolution du sucre. Portez à ébullition, puis retirez du feu.
4. Versez le mélange vinaigré chaud dans le bocal, sur le gingembre, et laissez refroidir. Laissez mariner 5 à 7 jours. Le gingembre prend alors une coloration rose pâle et se conserve plusieurs semaines au réfrigérateur.
5. Au moment de servir, comptez environ 2 cuillerées à soupe par personne.

Si cette recette vous plaît, vous aimerez aussi…

36
Makis de CALMAR FARCI

43
Uramakis CAROTTES & AVOCATS

61
Nigiris MANGUE & SAUMON FUMÉ

Sauce d'AGRUMES

Pour 40 cl • Préparation : 5 min • Difficulté : 1

- 12 cl de sauce soja
- 12 cl de jus de pamplemousse
- 12 cl de jus de citron
- 4 cuill. à soupe de vinaigre de riz

1. Mettez tous les ingrédients dans un bol et fouettez jusqu'à obtention d'une sauce homogène.
2. Couvrez le bol, puis conservez-le au frais jusqu'au moment de servir.
3. Utilisez cette sauce selon les indications de la recette choisie (elle se garde 2 ou 3 jours au réfrigérateur).

MAYONNAISE épicée

Pour environ 275 g • Préparation : 5 min • Difficulté : 1

- 230 g de mayonnaise japonaise (ou classique)
- 1 cuill. à café d'huile de sésame
- 4 cuill. à soupe de sriracha (sauce aigre-douce pimentée)

1. Mettez la mayonnaise dans un bol en verre ou en porcelaine. Versez progressivement l'huile et la sriracha, en battant jusqu'à ce que le mélange devienne rose pâle.
2. Couvrez, puis conservez au frais jusqu'au moment de servir (elle se garde 2 ou 3 jours au réfrigérateur).
3. Utilisez cette sauce selon les indications de la recette, à la place du wasabi dans les makis au thon ou au saumon, ou encore en accompagnement.

CONCOMBRE mariné

Pour 4 à 8 personnes • Préparation : 15 min • Repos : 15 min • Difficulté : 1

- 1 petit concombre
- 1 cuill. à soupe de vinaigre de riz
- 1 cuill. à café de sucre en poudre
- 1/2 cuill. à café de sel

1. Émincez finement le concombre dans le sens de la longueur, à l'aide d'un Économe.
2. Mélangez le vinaigre, le sucre et le sel dans un bol. Ajoutez les rubans de concombre et brassez pour bien enrober le tout. Laissez reposer au moins 15 minutes, puis égouttez.
3. Utilisez les rubans de concombre mariné pour accompagner les makis ou les nigiris. Donnez-leur une forme décorative, puis déposez-les sur ou à côté des sushis.

Sauce AIGRE-DOUCE

Pour 50 cl • Préparation : 30 min • Cuisson : 7 ou 8 min • Difficulté : 2

- 6 gousses d'ail
- 2 échalotes
- 100 g de piments rouges forts
- 1 cuill. à soupe d'huile d'arachide
- 400 g de tomates en conserve + le jus
- 1 cuill. à soupe de sauce de poisson thaïe
- 3 cuill. à soupe de vinaigre de riz
- 3 cuill. à soupe de sucre en poudre

1. Pelez les gousses d'ail et les échalotes. Hachez les gousses d'ail, les échalotes et les piments. Versez l'huile dans une petite casserole à feu doux. Faites revenir l'ail et les échalotes 2 ou 3 minutes sans coloration.
2. Ajoutez les tomates et les piments. Portez à ébullition, puis laissez mijoter à feu doux. Incorporez la sauce de poisson, le vinaigre et le sucre. Laissez mijoter encore 5 minutes, puis retirez et laissez refroidir.
3. Mixez la préparation dans le bol d'un robot jusqu'à obtention d'une consistance presque lisse. La quasi-totalité de la peau et des graines de piment doit être réduite en purée.
4. Versez la sauce dans un bocal stérilisé et gardez au frais sans dépasser 5 à 7 jours.

Makis

Uramakis OMELETTE & AVOCAT

- 500 g de riz à sushis (voir la recette p. 7)

Pour l'omelette

- 4 gros œufs
- 2 cuill. à soupe de sucre en poudre
- 1 cuill. à café de sauce soja
- 15 g de beurre

Pour les uramakis

- 5 feuilles de nori
- 2 ½ cuill. à soupe de mayonnaise épicée (voir la recette p. 10)
- 1 avocat
- 120 g d'œufs de poisson volant (en vente sur Internet, ou remplacez par des œufs de lump)

Pour 30 uramakis environ • Préparation : 30 min + temps de préparation du riz • Cuisson : 5 min • Difficulté : 2

1. Préparez le riz à sushis et laissez-le refroidir.

Omelette

2. Battez les œufs, le sucre et la sauce soja dans un bol. Faites fondre le beurre dans une grande poêle à feu moyen, puis versez le mélange aux œufs. Lorsqu'une spatule glisse sous le pourtour sans le déchirer, retournez l'omelette et poursuivez la cuisson jusqu'à ce qu'elle soit dorée. Coupez-la en rectangles de 4 x 6 cm.

Uramakis

3. Posez une feuille de nori sur un plan de travail propre, côté brillant dessous. Trempez vos mains dans l'eau froide pour éviter que le riz colle à vos doigts. Étalez 1/5 du riz sur la feuille, en laissant 1 cm de bord libre en haut.
4. Retournez rapidement la feuille de nori sur une natte en bambou et recouvrez-la de 1/2 cuillerée à soupe de mayonnaise. Pelez et dénoyautez l'avocat. Coupez-le en bâtonnets. Disposez des morceaux d'omelette et d'avocat au milieu de la feuille, dans la longueur.
5. Refermez la feuille sur la garniture en vous aidant de la natte et en pressant délicatement. Ouvrez la natte. Avec le dos d'une cuillère, enrobez d'œufs de poisson le rouleau, en le soulevant d'un côté puis de l'autre pour garnir sa base le mieux possible. Répétez l'opération avec les autres feuilles.
6. Transférez les rouleaux sur une planche à découper, soudure dessous. Avec un couteau aiguisé, éliminez les extrémités, puis coupez des tronçons de 2,5 cm d'épaisseur. Dressez sur un plat et servez.

Makis au THON

- 500 g de riz à sushis (voir la recette p. 7)
- 250 g de thon albacore
- 1 petit concombre
- 5 oignons nouveaux
- 5 feuilles de nori
- Pâte de wasabi

Pour servir

- Sauce soja
- Gingembre mariné (voir la recette p. 9)

Pour 30 makis environ • Préparation : 30 min + temps de préparation du riz • Difficulté : 2

1. Préparez le riz à sushis et laissez-le refroidir.
2. Coupez le thon en bâtonnets. Épépinez le concombre et coupez-le en cinq dans le sens de la longueur. Émincez les oignons.
3. Posez une feuille de nori sur une natte en bambou, côté brillant dessous. Trempez vos mains dans l'eau froide pour éviter que le riz colle à vos doigts. Étalez 1/5 du riz sur la feuille, en laissant 1 cm de bord libre en haut.
4. Étalez un peu de wasabi au milieu du riz, dans le sens de la longueur. Disposez des morceaux de thon, de concombre et d'oignon sur le wasabi. Humectez le bord libre, puis, en vous aidant de la natte, refermez la feuille sur la garniture en pressant délicatement pour que le rouleau garde sa forme. Répétez l'opération avec les autres feuilles.
5. Transférez les rouleaux sur une planche à découper, soudure dessous. Avec un couteau aiguisé, éliminez les extrémités, puis coupez des tronçons de 2,5 cm d'épaisseur. Servez avec la sauce soja et le gingembre mariné.

Makis au SAUMON

- 500 g de riz à sushis (voir la recette p. 7)
- 5 feuilles de nori
- Pâte de wasabi
- 200 g de filet de saumon

Pour servir

- Sauce soja
- Gingembre mariné (voir la recette p. 9)
- Pâte de wasabi

Pour 30 makis environ• Préparation : 30 min + temps de préparation du riz • Difficulté : 2

1. **Préparez** le riz à sushis et laissez-le refroidir.
2. **Posez** une feuille de nori sur une natte en bambou, côté brillant dessous. Trempez vos mains dans l'eau froide pour éviter que le riz colle à vos doigts. Étalez 1/5 du riz sur la feuille, en laissant 1 cm de bord libre en haut.
3. **Étalez** un peu de wasabi au milieu du riz, dans le sens de la longueur. Coupez le saumon en bâtonnets et disposez-en quelques-uns sur le wasabi. Humectez le bord libre, puis, en vous aidant de la natte, refermez la feuille sur la garniture en pressant délicatement pour que le rouleau garde sa forme. Répétez l'opération avec les autres feuilles.
4. **Transférez** les rouleaux sur une planche à découper, soudure dessous. Avec un couteau aiguisé, éliminez les extrémités, puis coupez des tronçons de 2,5 cm d'épaisseur. Servez avec la sauce soja, le gingembre mariné et le wasabi.

Vous allez adorer cette recette fusion dans laquelle le saumon fumé est sublimé par l'exotisme du fruit de la Passion et la douceur du fromage frais.

Makis au SAUMON FUMÉ, sauce FRUITS DE LA PASSION

- 500 g de riz à sushis (voir la recette p. 7)

Pour la sauce aux fruits de la Passion

- 3 fruits de la Passion
- 1 gousse d'ail
- 4 cuill. à soupe de vinaigre
- 50 g de sucre en poudre
- Sel

Pour les makis

- 1 avocat
- 2 cuill. à soupe de jus de citron
- 200 g de saumon fumé
- 1 mangue
- 150 g de fromage frais de type feta
- 5 feuilles de nori
- Graines de sésame noir

Pour 30 makis environ • Préparation : 30 min + temps de préparation du riz • Cuisson : 7 ou 8 min • Difficulté : 2

1. Préparez le riz à sushis et laissez-le refroidir.

Sauce fruits de la Passion

2. Coupez les fruits de la Passion en deux et grattez l'intérieur au-dessus d'un fin tamis posé sur un bol. Pressez avec le dos d'une cuillère pour bien faire passer le jus et la pulpe, puis jetez les graines. Pelez et hachez la gousse d'ail.
3. Mélangez le jus des fruits, le vinaigre, le sucre et l'ail dans une casserole, puis portez à ébullition. Baissez le feu et laissez réduire environ 5 minutes, jusqu'à ce que la sauce épaississe. Salez et réservez.

Makis

4. Coupez l'avocat en bâtonnets de 1 cm et arrosez-les de jus de citron. Taillez de la même façon le saumon, la mangue et le fromage frais.
5. Posez une feuille de nori sur une natte en bambou, côté brillant dessous. Trempez vos mains dans l'eau froide pour éviter que le riz colle à vos doigts. Étalez 1/5 du riz sur la feuille, en laissant 1 cm de bord libre en haut.
6. Disposez des bâtonnets d'avocat, de saumon, de mangue et de fromage frais au milieu du riz, dans la longueur. Arrosez de sauce et parsemez de graines de sésame. Humectez le bord libre, puis, en vous aidant de la natte, refermez la feuille sur la garniture en pressant délicatement pour que le rouleau garde sa forme. Répétez l'opération avec les autres feuilles.
7. Transférez les rouleaux sur une planche à découper, soudure dessous. Avec un couteau aiguisé, éliminez les extrémités, puis coupez des tronçons de 2,5 cm d'épaisseur. Dressez sur un plat et servez.

Makis au BŒUF TERIYAKI

Pour le bœuf teriyaki
- 4 cuill. à soupe de sauce soja
- 4 cuill. à soupe de mirin
- 2 cuill. à soupe de sucre en poudre
- 350 g de rumsteck coupé en tranches de 2 cm d'épaisseur

Pour les makis
- 500 g de riz à sushis (voir la recette p. 7)
- 5 feuilles de nori
- 2 cuill. à café de pâte de wasabi
- 2 carottes râpées
- 2 petits concombres épépinés et coupés en longs bâtonnets
- Gingembre mariné (voir la recette p. 9)

Pour servir
- Sauce soja

Pour 30 makis environ • Préparation : 30 min + temps de préparation du riz • Marinade : 2 à 12 h • Cuisson : 7 à 10 min • Difficulté : 2

Bœuf teriyaki

1. Versez la sauce soja, le mirin et le sucre dans une casserole à feu moyen. Portez à ébullition, baissez le feu et laissez mijoter 2 ou 3 minutes. Mettez le bœuf dans la sauce refroidie et laissez mariner de 2 à 12 heures au réfrigérateur. Sur un gril huilé, faites griller la viande 3 ou 4 minutes de chaque côté. Laissez-la refroidir et coupez-la en lanières.

Makis

2. Préparez le riz à sushis. Posez une feuille de nori sur une natte en bambou, côté brillant dessous. Trempez vos mains dans l'eau froide pour éviter que le riz colle à vos doigts. Étalez 1/5 du riz sur la feuille, en laissant 1 cm de bord libre.
3. Étalez un peu de wasabi au milieu du riz, dans le sens de la longueur. Disposez par-dessus des morceaux de bœuf, de carotte et de concombre, puis du gingembre mariné. Humectez le bord libre et, en vous aidant de la natte, refermez la feuille sur la garniture en pressant délicatement. Répétez l'opération avec les autres feuilles.
4. Transférez les rouleaux sur une planche à découper, soudure dessous. Avec un couteau aiguisé, éliminez les extrémités, puis coupez des tronçons de 2,5 cm d'épaisseur. Servez avec la sauce soja.

Makis ARC-EN-CIEL

- Makis California (voir la recette p. 31)
- 150 g de thon albacore
- 60 g de saumon
- 60 g de filet de poisson blanc
- 1 avocat

Pour 30 makis environ • Préparation : 30 min + temps de préparation du riz et des makis • Difficulté : 3

1. Préparez les makis, sans couper les rouleaux (voir la recette p. 31).
2. Émincez le thon, le saumon et le poisson blanc ainsi que l'avocat.
3. Enveloppez deux rouleaux de tranches de thon ; un rouleau de saumon ; un rouleau de poisson blanc ; puis le dernier rouleau d'avocat. Le riz doit être entièrement recouvert.
4. Transférez les rouleaux sur une planche à découper, soudure dessous. Avec un couteau aiguisé, éliminez les extrémités, puis coupez des tronçons de 2,5 cm d'épaisseur. Disposez cinq makis sur des assiettes de façon à reproduire un arc-en-ciel (thon, poisson blanc, saumon, avocat, thon).

Makis à l'AVOCAT

Pour 30 makis environ • Préparation : 30 min
+ temps de préparation du riz • Difficulté : 2

- 500 g de riz à sushis (voir la recette p. 7)
- 5 feuilles de nori
- 2 ½ cuill. à soupe de mayonnaise épicée (voir la recette p. 10)
- 1 ou 2 avocats coupés en bâtonnets

Pour servir

- 12 cl de sauce soja
- Pâte de wasabi

1. Préparez le riz à sushis. Posez une feuille de nori sur une natte en bambou, côté brillant dessous. Trempez vos mains dans l'eau froide pour éviter que le riz colle à vos doigts. Étalez 1/5 du riz sur la feuille, en laissant 1 cm de bord libre.
2. Couvrez le riz de 1/2 cuillerée à soupe de mayonnaise. Disposez des bâtonnets d'avocat au milieu, dans le sens de la longueur. Humectez le bord libre. En vous aidant de la natte, refermez la feuille sur la garniture en pressant délicatement pour que le rouleau garde sa forme. Répétez l'opération avec les autres feuilles.
3. Transférez les rouleaux sur une planche à découper, soudure dessous. Avec un couteau aiguisé, éliminez les extrémités, puis coupez des tronçons de 2,5 cm d'épaisseur. Servez avec la sauce soja et le wasabi.

Makis SAUMON & AVOCAT

Pour 30 makis environ • Préparation : 30 min
+ temps de préparation du riz • Difficulté : 2

- 500 g de riz à sushis (voir la recette p. 7)
- 5 feuilles de nori
- 125 g de saumon coupé en bâtonnets
- 1 avocat coupé en bâtonnets
- 1 petit concombre coupé en bâtonnets

Pour servir

- 6 cuill. à soupe de sauce soja
- Pâte de wasabi

1. Préparez le riz à sushis. Posez une feuille de nori sur une natte en bambou, côté brillant dessous. Trempez vos mains dans l'eau froide pour éviter que le riz colle à vos doigts. Étalez 1/5 du riz sur la feuille, en laissant 1 cm de bord libre.
2. Disposez des bâtonnets de saumon, d'avocat et de concombre au milieu du riz, dans la longueur. Humectez le bord libre. En vous aidant de la natte, refermez la feuille sur la garniture en pressant délicatement pour que le rouleau garde sa forme. Répétez l'opération avec les autres feuilles.
3. Transférez les rouleaux sur une planche à découper, soudure dessous. Avec un couteau aiguisé, éliminez les extrémités, puis coupez des tronçons de 2,5 cm d'épaisseur. Servez avec la sauce soja et le wasabi.

Uramakis au THON

Pour 30 uramakis environ • Préparation : 30 min
+ temps de préparation du riz • Difficulté : 3

- 500 g de riz à sushis (voir la recette p. 7)
- 5 feuilles de nori
- 2 ½ cuill. à soupe de graines de sésame grillées
- 2 ½ cuill. à soupe de mayonnaise épicée (voir la recette p. 10)
- 125 g de thon albacore coupé en lanières
- 1 avocat coupé en bâtonnets
- 1/2 poivron rouge coupé en bâtonnets

Pour servir

- 6 cuill. à soupe de sauce soja
- Gingembre mariné (voir la recette p. 9)
- Pâte de wasabi

1. Préparez le riz à sushis. Posez une feuille de nori sur un plan de travail propre, côté brillant dessous. Trempez vos mains dans l'eau froide, puis étalez 1/5 du riz sur la feuille, en laissant 1 cm de bord libre. Parsemez de 1/2 cuillerée à soupe de graines de sésame. Retournez la feuille sur une natte en bambou et recouvrez-la de 1/2 cuillerée à soupe de mayonnaise. Disposez par-dessus des morceaux de thon, d'avocat et de poivron.
2. Refermez la feuille sur la garniture en vous aidant de la natte et en pressant délicatement. Répétez l'opération avec les autres feuilles. Avec un couteau aiguisé et mouillé, coupez des tronçons de 2,5 cm. Servez avec la sauce soja, le gingembre et le wasabi.

Makis CREVETTES & AVOCAT

Pour 30 makis environ • Préparation : 30 min
+ temps de préparation du riz • Difficulté : 2

- 500 g de riz à sushis (voir la recette p. 7)
- 5 feuilles de nori
- 16 grosses crevettes cuites, décortiquées et déveinées
- 1 petit concombre coupé en bâtonnets
- 1 avocat coupé en bâtonnets

Pour servir

- Pâte de wasabi

1. Préparez le riz à sushis. Posez une feuille de nori sur une natte en bambou, côté brillant dessous. Trempez vos mains dans l'eau froide pour éviter que le riz colle à vos doigts. Étalez 1/5 du riz sur la feuille, en laissant 1 cm de bord libre.
2. Coupez les crevettes en deux dans le sens de la longueur. Disposez des morceaux de concombre, d'avocat et de crevette au milieu du riz, dans le sens de la longueur. Humectez le bord libre de la feuille de nori et, en vous aidant de la natte, refermez la feuille sur la garniture en pressant délicatement pour que le rouleau garde sa forme. Répétez l'opération avec les autres feuilles.
3. Transférez les rouleaux sur une planche à découper, soudure dessous. Avec un couteau aiguisé, éliminez les extrémités, puis coupez des tronçons de 2,5 cm d'épaisseur. Servez avec le wasabi.

Makis TEX MEX

- 500 g de riz à sushis (voir la recette p. 7)
- 2 ou 3 piments rouges
- 8 à 12 grandes tranches de rosbif cuit (saignant)
- 3 cuill. à soupe de persil haché
- 3 cuill. à soupe de coriandre hachée
- 120 g de cheddar râpé

Pour servir

- 500 g de salsa de tomates

Pour 30 makis environ • Préparation : 15 min + temps de préparation du riz • Difficulté : 1

1. Préparez le riz à sushis et laissez-le refroidir.
2. Hachez les piments et ôtez les pépins. Coupez le rosbif en tranches fines.
3. Incorporez au riz le persil, la coriandre, les piments et le fromage. Étalez un peu de ce mélange sur chaque tranche de rosbif. Roulez-les à la façon des makis, puis coupez des tronçons de 2,5 cm d'épaisseur. Servez avec la salsa.

Makis à la SALADE DE THON

- 500 g de riz à sushis (voir la recette p. 7)
- 180 g de thon en conserve, égoutté
- 1 petit oignon rouge
- 2 cuill. à soupe de persil haché
- 2 ou 3 cuill. à soupe de mayonnaise épicée (voir la recette p. 10)
- 1 cuill. à café de karashi (moutarde japonaise)
- 5 feuilles de nori

Pour servir

- Gingembre mariné (voir la recette p. 9)
- Sauce soja

Pour 30 makis environ • Préparation : 30 min + temps de préparation du riz • Difficulté : 2

1. Préparez le riz à sushis. Émiettez le thon à la fourchette dans un petit bol. Hachez l'oignon. Ajoutez-le au thon ainsi que le persil, la mayonnaise et le karashi. Mélangez bien.
2. Posez une feuille de nori sur une natte en bambou, côté brillant dessous. Trempez vos mains dans l'eau froide pour éviter que le riz colle à vos doigts. Étalez 1/5 du riz sur la feuille, en laissant 1 cm de bord libre en haut.
3. Étalez un peu de salade de thon au milieu du riz, dans le sens de la longueur. Humectez le bord libre. En vous aidant de la natte, refermez la feuille sur la garniture. Répétez l'opération avec les autres feuilles.
4. Transférez les rouleaux sur une planche à découper, soudure dessous. Avec un couteau aiguisé, éliminez les extrémités, puis coupez des tronçons de 2,5 cm d'épaisseur. Servez avec le gingembre mariné et la sauce soja.

Adaptez cette recette au gré des saisons et selon les légumes que vous avez sous la main.

Makis VÉGÉTARIENS

- 500 g de riz à sushis (voir la recette p. 7)
- 1 botte d'asperges vertes
- 4 carottes moyennes
- 1 oignon blanc
- 3 cuill. à soupe d'huile d'olive vierge extra
- 1 cuill. à soupe de sirop d'érable
- 1 cuill. à café de sel
- 5 feuilles de nori

Pour servir

- Pâte de wasabi
- Sauce soja

Pour 30 makis environ • Préparation : 30 min + temps de préparation du riz • Cuisson : 30 à 40 min • Difficulté : 2

1. Préparez le riz à sushis et laissez-le refroidir. Préchauffez le four à 220 °C (therm. 7-8).
2. Pelez les asperges et ôtez la base fibreuse. Pelez les carottes et coupez-les en bâtonnets. Émincez l'oignon.
3. Enrobez les asperges de 1 cuillerée à soupe d'huile d'olive et de la moitié du sel. Roulez les carottes dans le sirop d'érable mélangé à 1 cuillerée à soupe d'huile. Trempez les rondelles d'oignon dans le reste d'huile et de sel. Étalez les légumes sur une plaque de cuisson, puis enfournez pour 30 à 40 minutes, jusqu'à ce qu'ils commencent à dorer.
4. Posez une feuille de nori sur une natte en bambou, côté brillant dessous. Trempez vos mains dans l'eau froide pour éviter que le riz colle à vos doigts. Étalez 1/5 du riz sur la feuille, en laissant 1 cm de bord libre en haut.
5. Étalez un peu de wasabi au milieu du riz. Disposez 1 ou 2 asperges avec un peu de carotte et d'oignon sur le wasabi. Humectez le bord libre de la feuille et, en vous aidant de la natte, refermez la feuille sur la garniture en pressant délicatement pour que le rouleau garde sa forme. Répétez l'opération avec les autres feuilles.
6. Transférez les rouleaux sur une planche à découper, soudure dessous. Avec un couteau aiguisé, éliminez les extrémités, puis coupez des tronçons de 2,5 cm d'épaisseur. Servez avec le wasabi et la sauce soja.

Makis à l'OMELETTE JAPONAISE

- 250 g de riz à sushis (voir la recette p. 7)

Pour l'omelette japonaise

- 2 gros œufs
- 2 cuill. à café de sucre en poudre
- 3 cuill. à soupe d'huile végétale
- 1 pincée de sel

Pour les makis

- 2 feuilles de nori
- 2 cuill. à café de graines de sésame noir

Pour servir

- 6 cuill. à soupe de sauce soja
- Gingembre mariné (voir la recette p. 9)
- Pâte de wasabi

Pour 12 makis environ • Préparation : 20 min + temps de préparation du riz • Cuisson : 2 à 4 min • Difficulté : 2

1. Préparez le riz à sushis et laissez-le refroidir.

Omelette japonaise

2. Fouettez les œufs, le sucre et le sel dans un petit bol. Filtrez ce mélange à travers un fin tamis. Dans une petite poêle à feu vif, faites chauffer 1 ½ cuillerée à soupe d'huile. Versez la moitié du mélange aux œufs et laissez cuire 1 ou 2 minutes jusqu'à ce que l'omelette soit prise. Répétez l'opération avec l'autre moitié du mélange et laissez refroidir.

Makis

3. Posez une feuille de nori sur une natte en bambou, côté brillant dessous. Recouvrez-la d'une omelette et coupez l'excédent. Laissez 1 cm de bord libre en haut de la feuille.
4. Trempez vos mains dans l'eau froide. Étalez la moitié du riz sur l'omelette, puis parsemez-le de 1 cuillerée à café de graines de sésame. Humectez le bord libre et, en vous aidant de la natte, refermez la feuille sur la garniture. Répétez l'opération avec l'autre feuille.
5. Transférez les rouleaux sur une planche à découper, soudure dessous. Avec un couteau aiguisé, éliminez les extrémités, puis coupez des tronçons de 2,5 cm d'épaisseur. Servez avec la sauce soja, le gingembre mariné et le wasabi.

Makis CRÈME DE CRABE & AVOCAT

- 500 g de riz à sushis (voir la recette p. 7)
- 2 avocats fermes
- 150 g de fromage frais de type feta
- 5 feuilles de nori
- Pâte de wasabi
- 8 à 10 de bâtonnets de surimi, saveur crabe
- 2 cuill. à soupe de ciboulette ciselée

Pour servir

- Gingembre mariné (voir la recette p. 9)

Pour 30 makis environ • Préparation : 30 min + temps de préparation du riz • Difficulté : 2

1. Préparez le riz à sushis et laissez-le refroidir.
2. Coupez les avocats et le fromage en bâtonnets.
3. Posez une feuille de nori sur une natte en bambou, côté brillant dessous. Trempez vos mains dans l'eau froide pour éviter que le riz colle à vos doigts. Étalez 1/5 du riz sur la feuille, en laissant 1 cm de bord libre en haut.
4. Étalez un peu de wasabi au milieu du riz, dans le sens de la longueur. Par-dessus, disposez du surimi, de l'avocat et du fromage, puis parsemez le tout de ciboulette. Humectez le bord libre et, en vous aidant de la natte, refermez la feuille sur la garniture en pressant délicatement pour que le rouleau garde sa forme. Répétez l'opération avec les autres feuilles.
5. Transférez les rouleaux sur une planche à découper, soudure dessous. Avec un couteau aiguisé, éliminez les extrémités, puis coupez des tronçons de 2,5 cm d'épaisseur. Servez avec le gingembre mariné.

Ingrédient inhabituel dans la gastronomie japonaise, le riz brun est plus difficile à rouler que le riz blanc à sushis, car moins collant, mais avec un peu de pratique, vous prendrez le coup de main. Une ou deux cuillerées à soupe de graines de sésame blanc dans le mélange vinaigré ajouteront un subtil goût de noisette.

Makis RIZ BRUN & POULET TERIYAKI

Pour le poulet teriyaki

- 120 g de blancs de poulet
- 1 gousse d'ail
- 2 cuill. à soupe de sauce teriyaki
- 1 cuill. à soupe d'huile d'arachide

Pour les makis

- 200 g de riz rond brun
- 50 cl d'eau
- 2 cuill. à soupe de vinaigre de riz
- 2 cuill. à café de sucre en poudre
- 1 pincée de sel
- 3 feuilles de nori grillées
- 1 petit concombre épépiné et coupé en longs bâtonnets
- 25 g de pousses de pois mangetout

Pour servir

- 6 cuill. à soupe de sauce soja
- Gingembre mariné (voir la recette p. 9)

Pour 18 makis environ • Préparation : 30 min • Repos : 30 min • Refroidissement : 10 min • Cuisson : 40 min • Difficulté : 3

Poulet teriyaki

1. Coupez les blancs de poulet en aiguillettes. Pelez et hachez la gousse d'ail. Enrobez le poulet de sauce teriyaki et d'ail. Versez l'huile dans une poêle à feu vif, puis faites revenir le poulet jusqu'à ce qu'il soit cuit à cœur. Laissez refroidir.

Makis

2. Rincez le riz sous l'eau courante jusqu'à ce qu'elle soit claire. Laissez égoutter au moins 30 minutes.
3. Mettez le riz et l'eau dans une casserole, couvrez, puis portez à ébullition. Réduisez le feu et laissez mijoter 30 minutes, jusqu'à complète absorption de l'eau. Retirez et laissez refroidir 10 minutes à couvert.
4. Mélangez le vinaigre, le sucre et le sel dans un petit bol. Mettez le riz dans un saladier et incorporez progressivement le mélange vinaigré.
5. Posez une feuille de nori sur une natte en bambou, côté mat dessous. Trempez vos mains dans l'eau froide pour éviter que le riz colle à vos doigts. Étalez 1/3 du riz sur la feuille, en laissant 1 cm de bord libre en haut.
6. Disposez des morceaux de poulet, de concombre et des pousses de pois au milieu du riz, dans le sens de la longueur. Humectez le bord libre de la feuille. En vous aidant de la natte, refermez la feuille sur la garniture en pressant délicatement pour que le rouleau garde sa forme. Répétez l'opération avec les autres feuilles.
7. Transférez les rouleaux sur une planche à découper, soudure dessous. Avec un couteau aiguisé, éliminez les extrémités, puis coupez des tronçons de 2,5 cm. Servez avec la sauce soja et le gingembre mariné.

Uramakis NOIX DE SAINT-JACQUES & AVOCAT

- 500 g de riz à sushis (voir la recette p. 7)
- 5 grosses noix de saint-jacques, sans corail
- 1/2 cuill. à soupe d'huile de sésame
- 5 feuilles de nori
- 2 ½ cuill. à soupe de mayonnaise épicée (voir la recette p. 10)
- 1 avocat coupé en bâtonnets
- Sel et poivre du moulin

Pour servir

- 6 cuill. à soupe de sauce soja
- Gingembre mariné (voir la recette p. 9)
- Pâte de wasabi

Pour 30 uramakis environ • Préparation : 30 min
+ temps de préparation du riz • Cuisson : 2 ou 3 min • Difficulté : 2

1. Préparez le riz à sushis et laissez-le refroidir.
2. Émincez les noix de saint-jacques puis salez et poivrez. Faites chauffer l'huile dans une poêle à feu assez vif, puis faites rapidement dorer les noix de saint-jacques dans l'huile. Réservez.
3. Posez une feuille de nori sur un plan de travail propre, côté brillant dessous. Trempez vos mains dans l'eau froide. Étalez 1/5 du riz sur la feuille, en laissant 1 cm de bord libre en haut.
4. Retournez rapidement la feuille de nori sur une natte en bambou et recouvrez-la de 1/2 cuillerée à soupe de mayonnaise. Disposez des lamelles de saint-jacques et des bâtonnets d'avocat au milieu de la feuille, dans le sens de la longueur. En vous aidant de la natte, refermez la feuille sur la garniture en pressant délicatement. Répétez l'opération avec les autres feuilles.
5. Transférez les rouleaux sur une planche à découper, soudure dessous. Avec un couteau aiguisé, éliminez les extrémités, puis coupez des tronçons de 2,5 cm d'épaisseur. Servez avec la sauce soja, le gingembre et le wasabi.

Makis CALIFORNIA

- 500 g de riz à sushis (voir la recette p. 7)
- 150 g de surimi, saveur crabe
- 1 avocat
- 1/2 poivron jaune
- 5 feuilles de nori
- 2 ½ cuill. à soupe de mayonnaise

Pour servir

- 6 cuill. à soupe de sauce soja
- Gingembre mariné (voir la recette p. 9)
- Pâte de wasabi

Pour 30 makis environ • Préparation : 30 min + temps de préparation du riz • Difficulté : 2

1. Préparez le riz à sushis et laissez-le refroidir.
2. Coupez le surimi, l'avocat et le poivron en longs bâtonnets de 1 cm de large ; ôtez les pépins de ce dernier.
3. Posez une feuille de nori sur un plan de travail propre, côté brillant dessous. Trempez vos mains dans l'eau froide pour éviter que le riz colle à vos doigts. Étalez 1/5 du riz sur la feuille, en laissant 1 cm de bord libre en haut.
4. Retournez rapidement la feuille de nori sur une natte en bambou et recouvrez-la de 1/2 cuillerée à soupe de mayonnaise. Disposez un peu de surimi, d'avocat et de poivron au milieu de la feuille, dans le sens de la longueur. En vous aidant de la natte, refermez la feuille sur la garniture en pressant délicatement pour que le rouleau garde sa forme. Répétez l'opération avec les autres feuilles.
5. Transférez les rouleaux sur une planche à découper, soudure dessous. Avec un couteau aiguisé, éliminez les extrémités, puis coupez des tronçons de 2,5 cm d'épaisseur. Servez avec la sauce soja, le gingembre et le wasabi.

Coupez en deux 12 brochettes en bambou et insérez-les en long dans le corps des crevettes avant de les plonger dans la friture. Ainsi, elles ne se courberont pas à la cuisson et seront plus faciles à rouler dans les makis.

Makis au TEMPURA DE CREVETTES

- 250 g de riz à sushis (voir la recette p. 7)

Pour le tempura de crevettes

- 1 gros œuf, jaune et blanc séparés
- 1 cuill. à soupe de jus de citron
- 15 cl d'eau glacée
- 50 g de farine
- 50 cl d'huile d'arachide pour friture
- 24 grosses crevettes roses crues

Pour les makis

- 2 feuilles de nori
- 1 ou 2 cuill. à café de pâte de wasabi
- Quelques feuilles de mizuna (ou des pousses d'épinards)

Pour servir

- 6 cuill. à soupe de sauce soja
- Gingembre mariné (voir la recette p. 9)
- Pâte de wasabi

Pour 24 makis • Préparation : 30 min + temps de préparation du riz • Cuisson : 10 min • Difficulté : 3

1. Préparez le riz à sushis et laissez-le refroidir.

Tempura de crevettes

2. Fouettez le jaune d'œuf, le jus de citron et l'eau dans un bol, jusqu'à obtenir une consistance homogène. Battez le blanc en neige ferme dans un autre bol, et incorporez-le au mélange précédent.
3. Mettez la farine dans une assiette creuse. Enfilez chaque crevette sur une petite brochette en bambou, dans le sens de la longueur et sans dépasser le centre. Passez-les une à une dans la farine.
4. Faites chauffer l'huile à 190 °C dans un wok ou une friteuse. Si vous n'avez pas de thermomètre, jetez un morceau de pain dans l'huile : il doit aussitôt remonter à la surface en prenant une coloration dorée.
5. Trempez les crevettes dans la pâte et égouttez-les légèrement. Faites-les frire 2 ou 3 minutes par petites quantités, jusqu'à ce qu'elles soient dorées. Égouttez sur du papier absorbant.

Makis

6. Coupez les feuilles de nori en deux dans les sens de la largeur, puis en six bandes dans le sens de la longueur. Étalez 1 cuillerée à soupe de riz sur chaque bande.
7. Déposez une crevette sur une bande, puis ajoutez un peu de wasabi et 2 ou 3 feuilles de mizuna. Roulez délicatement la bande sur la garniture et humectez les extrémités pour sceller le tout. Répétez l'opération avec les autres bandes. Servez avec la sauce soja, le gingembre et le wasabi.

WHITE

Hosomakis au DAÏKON MARINÉ

- 500 g de riz à sushis (voir la recette p. 7)
- 8 morceaux de daïkon mariné (ce radis blanc mariné s'appelle « takuan » en japonais)
- 4 feuilles de nori
- 4 cuill. à café de graines de sésame blanc
- Pâte de wasabi
- Sel

Pour servir

- Sauce soja

Pour 40 hosomakis environ • Préparation : 30 min + temps de préparation du riz • Repos : 15 min • Difficulté : 2

1. Préparez le riz à sushis. Coupez les morceaux de daïkon en bâtonnets, salez légèrement, et laissez reposer 15 minutes. Rincez les bâtonnets à l'eau froide, puis séchez-les avec du papier absorbant.
2. Passez rapidement les feuilles de nori au-dessus d'une flamme ou d'une plaque électrique, puis coupez-les en deux dans le sens de la longueur. Faites griller les graines de sésame à sec dans une petite poêle.
3. Posez une bande de nori sur une natte en bambou, côté brillant dessous. Trempez vos mains dans l'eau froide. Étalez 1/8 du riz sur la bande, en laissant 1 cm de bord libre en haut.
4. Étalez un peu de wasabi au milieu du riz, dans le sens de la longueur. Posez dessus des bâtonnets de daïkon et parsemez-les de graines de sésame. Humectez le bord libre, puis, en vous aidant de la natte, refermez la bande sur la garniture. Répétez l'opération avec les autres bandes.
5. Transférez les rouleaux sur une planche à découper, soudure dessous. Avec un couteau aiguisé, éliminez les extrémités, puis coupez des tronçons de 2,5 cm d'épaisseur. Servez avec la sauce soja.

Hosomakis au CONCOMBRE

- 500 g de riz à sushis (voir la recette p. 7)
- 4 feuilles de nori
- Pâte de wasabi
- 1 petit concombre coupé en bâtonnets

Pour servir

- Sauce soja

Pour 40 hosomakis environ • Préparation : 30 min
+ temps de préparation du riz • Difficulté : 2

1. Préparez le riz à sushis. Passez rapidement les feuilles de nori au-dessus d'une flamme ou d'une plaque électrique, puis coupez-les en deux dans la longueur.
2. Posez une bande de nori sur une natte en bambou, côté brillant dessous. Trempez vos mains dans l'eau froide pour éviter que le riz colle à vos doigts. Étalez 1/8 du riz sur la bande, en laissant 1 cm de bord libre en haut.
3. Étalez un peu de wasabi au milieu du riz, dans le sens de la longueur, et déposez dessus un morceau de concombre. Humectez le bord libre de la feuille, puis, en vous aidant de la natte, refermez la bande sur la garniture en pressant délicatement. Répétez l'opération avec les autres bandes.
4. Transférez les rouleaux sur une planche à découper, soudure dessous. Avec un couteau aiguisé, éliminez les extrémités, puis coupez des tronçons de 2,5 cm d'épaisseur. Servez avec la sauce soja.

La forme naturellement cylindrique des corps de calmar remplace ici la feuille de nori. Ces jolis makis sont parfaits pour les grandes occasions.

Makis de CALMAR FARCI

- 2 calmars moyens
- 3 cuill. à soupe de saké
- 3 cuill. à soupe de vinaigre de riz
- 60 g de blanc de poulet
- 20 g de gingembre
- 2 cuill. à soupe de sucre en poudre
- 1 cuill. à soupe de mirin
- 2 cuill. à soupe de sauce soja
- 250 g de riz à sushis (voir la recette p. 7)

Pour servir

- Gingembre mariné (voir la recette p. 9)

Pour 30 makis environ • Préparation : 45 min + temps de préparation du riz • Cuisson : 5 à 10 min • Difficulté : 3

1. Retirez les membranes des calmars. Mettez les corps dans une casserole, versez 1 cuillerée à soupe de saké et couvrez d'eau bouillante. Laissez mijoter 1 ou 2 minutes. Égouttez, puis arrosez de vinaigre de riz.
2. Hachez les nageoires et les tentacules des calmars, puis le poulet. Pelez et râpez le gingembre.
3. Dans une casserole à feu moyen, faites chauffer 2 cuillerées à soupe de saké, le sucre, le mirin et la sauce soja jusqu'à ébullition. Ajoutez le poulet, la partie hachée des calmars et le gingembre. Remuez jusqu'à ce que le poulet blanchisse. À l'aide d'une écumoire, transférez la viande dans un bol, en laissant le liquide dans la casserole. Portez celui-ci à ébullition et laissez épaissir 1 ou 2 minutes à feu vif. Remettez la viande dans la casserole et remuez jusqu'à ce que la sauce soit absorbée. Retirez du feu, puis laissez refroidir.
4. Préparez le riz à sushis. Lorsqu'il est tiède, incorporez-le à la viande. Garnissez de ce mélange l'intérieur des calmars, puis coupez ces derniers en six morceaux. Servez avec le gingembre mariné.

Si cette recette vous plaît, vous aimerez aussi...

19
Makis ARC-EN-CIEL

27
Makis CRÈME DE CRABE & AVOCAT

32
Makis au TEMPURA DE CREVETTES

Hosomakis au CRABE

- 500 g de riz à sushis (voir la recette p. 7)
- 4 feuilles de nori
- 4 cuill. à soupe de mayonnaise épicée (voir la recette p. 10)
- 150 g de chair de crabe

Pour servir

- Sauce soja

Pour 40 hosomakis environ • Préparation : 30 min + temps de préparation du riz • Difficulté : 2

1. Préparez le riz à sushis. Passez rapidement les feuilles de nori au-dessus d'une flamme ou d'une plaque électrique, puis coupez-les en deux dans le sens de la longueur.
2. Posez une bande de nori sur une natte en bambou, côté brillant dessous. Trempez vos mains dans l'eau froide pour éviter que le riz colle à vos doigts. Étalez 1/8 du riz sur la bande, en laissant 1 cm de bord libre en haut.
3. Étalez 1/2 cuillerée à soupe de mayonnaise et un peu de chair de crabe au milieu du riz, dans le sens de la longueur. Humectez le bord libre de la bande de nori, puis, en vous aidant de la natte, refermez-la sur la garniture en pressant délicatement pour que le rouleau garde sa forme. Répétez l'opération avec les autres bandes.
4. Transférez les rouleaux sur une planche à découper, soudure dessous. Avec un couteau aiguisé, éliminez les extrémités, puis coupez des tronçons de 2,5 cm d'épaisseur. Servez avec la sauce soja.

Hosomakis au SAUMON

- 500 g de riz à sushis (voir la recette p. 7)
- 4 feuilles de nori
- Pâte de wasabi
- 150 g de filet de saumon coupé en lanières

Pour servir

- Sauce soja

Pour 40 hosomakis environ • Préparation : 30 min + temps de préparation du riz • Difficulté : 2

1. Préparez le riz à sushis. Passez rapidement les feuilles de nori au-dessus d'une flamme ou d'une plaque électrique, puis coupez-les en deux dans la longueur.
2. Posez une bande de nori sur une natte, côté brillant dessous. Trempez vos mains dans l'eau froide. Étalez 1/8 du riz sur la bande, en laissant 1 cm de bord libre en haut.
3. Étalez un peu de wasabi et des lanières de saumon au milieu du riz, dans le sens de la longueur. Humectez le bord libre de la bande, puis, en vous aidant de la natte, refermez-la sur la garniture en pressant délicatement. Répétez l'opération avec les autres bandes.
4. Transférez les rouleaux sur une planche à découper, soudure dessous. Avec un couteau aiguisé, éliminez les extrémités, puis coupez des tronçons de 2,5 cm d'épaisseur. Servez avec la sauce soja.

Souvent considéré comme une céréale, le quinoa est une plante originaire des Andes, très prisée pour ses qualités nutritives.

Makis au QUINOA

- 400 g de quinoa
- 1,4 l d'eau
- 2 cuill. à soupe de sucre en poudre
- 2 cuill. à café de sel
- 12 cl de vinaigre de riz
- 1 patate douce
- 150 g de haricots verts
- 1 oignon blanc
- 150 g de fromage frais de type feta
- 6 cuill. à soupe de sauce soja
- 15 g de beurre
- 1 cuill. à soupe d'huile de sésame
- 6 feuilles de nori
- 6 cuill. à soupe de mayonnaise épicée (voir la recette p. 10)
- Quelques feuilles de coriandre

Pour 35 makis environ • Préparation : 30 min • Refroidissement : environ 1 h • Cuisson : 25 à 30 min • Difficulté : 2

1. Mettez le quinoa dans une casserole remplie de 1 litre d'eau. Portez à ébullition, couvrez et laissez mijoter 15 à 20 minutes jusqu'à ce que les graines soient tendres. Égouttez et transférez dans un bol. Délayez le sucre et le sel avec 2 cuillerées à soupe de vinaigre de riz. Versez ce mélange sur le quinoa et brassez bien le tout. Laissez refroidir.
2. Épluchez la patate douce et coupez-la en bâtonnets. Équeutez les haricots verts et hachez l'oignon. Coupez le fromage frais en bâtonnets légèrement plus petits que ceux de la patate douce.
3. Versez la sauce soja, ainsi que le reste d'eau et de vinaigre dans une casserole. Ajoutez la patate douce et les haricots, portez à ébullition, puis laissez cuire 8 à 10 minutes. Égouttez bien.
4. Faites chauffer le beurre et l'huile dans une petite poêle à feu moyen. Ajoutez l'oignon et faites-le légèrement dorer. Réservez.
5. Posez une feuille de nori sur une natte en bambou, côté brillant dessous. Trempez vos mains dans l'eau froide et étalez 1/6 du quinoa sur la feuille, en laissant 1 cm de bord libre en haut.
6. Étalez 1 cuillerée à soupe de mayonnaise et un peu d'oignon au milieu du quinoa, dans le sens de la longueur. Empilez ensuite des morceaux de patate douce, de fromage frais et quelques haricots. Humectez le bord libre de la feuille. En vous aidant de la natte, refermez-la sur la garniture en pressant délicatement. Répétez l'opération avec les autres feuilles.
7. Transférez les rouleaux sur une planche à découper, soudure dessous. Avec un couteau aiguisé, éliminez les extrémités, puis coupez des tronçons de 2,5 cm d'épaisseur. Décorez de coriandre et servez.

Uramakis VÉGÉTARIENS

- 500 g de riz à sushis (voir la recette p. 7)
- 1 petit concombre
- 2 avocats
- 350 g de poivrons rouges en bocal
- 5 feuilles de nori
- 5 cuill. à soupe de mayonnaise épicée (voir la recette p. 10)

Pour servir

- Pâte de wasabi

Pour 30 uramakis environ • Préparation : 30 min + temps de préparation du riz • Difficulté : 3

1. Préparez le riz à sushis. Coupez le concombre, les avocats et les poivrons en bâtonnets.
2. Posez une feuille de nori sur un plan de travail propre, côté brillant dessous. Trempez vos mains dans l'eau froide pour éviter que le riz colle à vos doigts. Étalez 1/5 du riz sur la feuille, en laissant 1 cm de bord libre en haut.
3. Retournez rapidement la feuille de nori sur une natte en bambou et recouvrez-la de 1 cuillerée à soupe de mayonnaise. Disposez des morceaux de concombre, d'avocat et de poivron au milieu de la feuille, dans le sens de la longueur. En vous aidant de la natte, refermez la feuille sur la garniture en pressant délicatement. Répétez l'opération avec les autres feuilles.
4. Transférez les rouleaux sur une planche à découper, soudure dessous. Avec un couteau aiguisé, éliminez les extrémités, puis coupez des tronçons de 2,5 cm d'épaisseur. Servez avec le wasabi.

Uramakis CAROTTES & AVOCATS

- 500 g de riz à sushis (voir la recette p. 7)
- 1 petit concombre
- 2 carottes
- 2 avocats
- 2 ½ cuill. à soupe de graines de sésame blanc
- 5 feuilles de nori
- Pâte de wasabi

Pour servir

- Gingembre mariné (voir la recette p. 9)

Pour 30 uramakis environ • Préparation : 30 min
+ temps de préparation du riz • Difficulté : 3

1. **Préparez** le riz à sushis. Coupez le concombre en bâtonnets et ôtez les pépins. Pelez les carottes et taillez-les en bâtonnets ainsi que les avocats. Faites griller les graines de sésame à sec dans une petite poêle.
2. **Posez** une feuille de nori sur un plan de travail propre, côté brillant dessous. Trempez vos mains dans l'eau froide. Étalez 1/5 du riz sur la feuille, en laissant 1 cm de bord libre en haut. Parsemez le riz de 1/2 cuillerée à café de graines de sésame.
3. **Retournez** rapidement la feuille de nori sur une natte en bambou et frottez-la d'un peu de wasabi. Disposez des morceaux de concombre, d'avocat et de carotte au milieu de la feuille, dans le sens de la longueur. En vous aidant de la natte, refermez la feuille sur la garniture. Répétez l'opération avec les autres feuilles.
4. **Transférez** les rouleaux sur une planche à découper, soudure dessous. Avec un couteau aiguisé, éliminez les extrémités, puis coupez des tronçons de 2,5 cm d'épaisseur. Servez avec le gingembre.

Servez ces délicieux makis pour un déjeuner sur le pouce ou en apéritif.

Makis COCO & MANGUE

- 400 g de riz rond japonais
- 2 cuill. à café de sucre en poudre
- 1 pincée de sel
- 6 cuill. à soupe de lait de coco
- 1 cuill. à café de jus de citron
- 2 mangues
- 1 concombre
- 4 feuilles de nori

Pour 24 makis environ • Préparation : 30 min • Refroidissement : 1 h • Cuisson : 15 min • Difficulté : 2

1. Faites cuire le riz à la vapeur en salant légèrement l'eau. Lorsque le riz est tendre, égouttez-le et mettez-le dans un grand bol.
2. Délayez le sucre et le sel avec le lait de coco et le jus de citron dans un autre bol. Versez ce mélange sur le riz et remuez bien. Laissez refroidir à température ambiante.
3. Pelez les mangues et coupez-les en longs bâtonnets ainsi que le concombre préalablement épépiné.
4. Posez une feuille de nori sur une natte en bambou, côté brillant dessous. Trempez vos mains dans l'eau froide pour éviter que le riz colle à vos doigts. Étalez 1/4 du riz sur la feuille, en laissant 1 cm de bord libre en haut. Disposez des bâtonnets de mangue et de concombre au milieu du riz, dans le sens de la longueur. Humectez le bord libre et, en vous aidant de la natte, refermez la feuille sur la garniture en pressant délicatement pour que le rouleau garde sa forme. Répétez l'opération avec les autres feuilles.
5. Transférez les rouleaux sur une planche à découper, soudure dessous. Avec un couteau aiguisé, éliminez les extrémités, puis coupez des tronçons de 2,5 cm d'épaisseur. Servez.

Si cette recette vous plaît, vous aimerez aussi...

16
Makis au SAUMON FUMÉ, sauce FRUITS DE LA PASSION

22
Makis TEX MEX

40
Makis au QUINOA

milk

Temakis & sushis pressés

Temakis VÉGÉTARIENS

- 250 g de riz à sushis (voir la recette p. 7)
- 2 carottes
- 1 concombre
- 1 poivron rouge
- 150 g de fromage frais de type feta
- 5 feuilles de nori
- Sauce aigre-douce (voir la recette p. 10)
- 2 cuill. à soupe de graines de sésame blanc

Pour servir

- Sauce soja
- Pâte de wasabi
- Gingembre mariné (voir la recette p. 9)

Pour 10 temaris • Préparation : 20 min + temps de préparation du riz • Difficulté : 2

1. Préparez le riz à sushis et laissez-le refroidir.
2. Pelez les carottes; épépinez le concombre et le poivron. Coupez en longs bâtonnets les carottes, le concombre, le poivron et fromage frais.
3. Coupez les feuilles de nori en deux dans la diagonale. Prenez un triangle dans une main, côté brillant contre votre paume. Étalez 3 ou 4 cuillerées à soupe de riz en fine couche sur une moitié du triangle. Arrosez le riz de sauce aigre-douce et garnissez-le en diagonale d'un peu de fromage frais. Déposez dessus des bâtonnets de concombre, de carotte et de poivron. Parsemez le tout de graines de sésame.
4. Repliez le coin libre de la feuille sur la garniture et roulez-la en cornet. Humectez légèrement la pointe et pressez pour la sceller. Répétez l'opération avec le reste des ingrédients, puis servez avec la sauce soja, le wasabi et le gingembre mariné.

Si cette recette vous plaît, vous aimerez aussi...

Temakis SAUMON FUMÉ & CRUDITÉS

Temakis RIZ BRUN & CREVETTES

Temakis THON & CRUDITÉS

Pour cette recette, il vous faut un *oshibako*. C'est un moule à sushis en bois, de forme rectangulaire, mesurant 18 x 13 x 5 cm. Trempez-le dans l'eau froide 30 minutes avant de préparer vos sushis.

Oshis au MAQUEREAU

- 750 g de filets de maquereau avec la peau
- 200 g de gros sel
- 500 g de riz à sushis (voir la recette p. 7)
- 1 cuill. à soupe de sucre en poudre
- 25 cl de vinaigre de riz
- 4 cuill. à soupe d'eau
- 1 cuill. à soupe de mirin
- Pâte de wasabi

Pour 16 oshis • Préparation : 45 min + temps de préparation du riz • Égouttage : 3 ou 4 h • Marinade : 1 h • Difficulté : 2

1. Déposez les filets de maquereaux dans un plat creux rempli de gros sel et frottez-les délicatement. Transférez dans une passoire et laissez égoutter 3 ou 4 heures. Rincez abondamment, puis séchez avec un torchon propre.
2. Préparez le riz à sushis et laissez-le refroidir. Trempez un moule à sushis 30 minutes dans l'eau froide.
3. Délayez le sucre dans le vinaigre de riz, l'eau et le mirin dans un bol. Mettez les filets dans un plat et versez la sauce dessus. Laissez mariner 1 heure (la chair devient blanche), puis égouttez. Retirez soigneusement la membrane fine qui recouvre leur peau argentée.
4. Transférez le poisson sur une planche à découper. Faites courir vos doigts sur la chair pour déceler d'éventuelles arêtes et retirez-les à la pince à épiler. Taillez éventuellement le bord des filets pour leur donner une forme régulière.
5. Tapissez le fond du moule avec la moitié des filets, peau en dessous, et comblez les vides avec les chutes de poisson. Ajoutez un peu de wasabi par endroits. Complétez le moule avec la moitié du riz, posez le couvercle et pressez.
6. Retournez le tout et démoulez le bloc formé. Coupez-le en quatre dans le sens de la largeur et en deux dans le sens de la longueur pour obtenir huit pièces. Répétez l'opération avec le reste des ingrédients. Conservez les oshis au réfrigérateur jusqu'au moment de servir.

Oshis POULET FUMÉ & POMME VERTE

- 500 g de riz à sushis (voir la recette p. 7)
- 180 g de poulet fumé
- 1 pomme granny smith
- Sauce aigre-douce (voir la recette p. 10)

Pour servir
- Salade d'algues

Pour 16 oshis • Préparation : 20 min + temps de préparation du riz • Difficulté : 1

1. Préparez le riz à sushis. Trempez un moule à sushis 30 minutes dans l'eau froide. Coupez le poulet en tranches fines. Rincez la pomme, ôtez le centre avec les pépins et coupez-la en lamelles.
2. Tapissez le fond du moule avec la moitié du poulet fumé et recouvrez-le avec 1/4 du riz. Ajoutez un peu de sauce aigre-douce par endroits, puis étalez uniformément la moitié des lamelles de pomme. Complétez avec 1/4 du riz, posez le couvercle et pressez.
3. Retournez le tout et démoulez le bloc formé. Coupez-le en quatre dans le sens de la largeur et en deux dans le sens de la longueur pour obtenir huit pièces. Répétez l'opération avec le reste des ingrédients, puis placez les oshis au réfrigérateur. Servez-les avec une salade d'algues et, éventuellement, un peu de sauce aigre-douce.

Oshis LIMANDE SOLE & ŒUFS DE POISSON

- 500 g de riz à sushis (voir la recette p. 7)
- 300 g de limande sole
- 5 cuill. à café d'œufs de poisson volant (en vente sur Internet, ou remplacez par des œufs de lump)
- Pâte de wasabi

Pour 16 oshis • Préparation : 20 min + temps de préparation du riz • Difficulté : 1

1. Préparez le riz à sushis. Trempez un moule à sushis 30 minutes dans l'eau froide.
2. Émincez les filets de limande sole. Tapissez le fond du moule avec la moitié des lamelles de poisson. Étalez dessus la moitié des œufs de poisson, puis ajoutez un peu de wasabi par endroits. Complétez avec la moitié du riz, posez le couvercle et pressez.
3. Retournez le tout et démoulez le bloc formé. Coupez-le en quatre dans le sens de la largeur et en deux dans le sens de la longueur pour obtenir huit pièces. Répétez l'opération avec le reste des ingrédients et conservez les oshis au réfrigérateur jusqu'au moment de servir.

Oshis PROSCIUTTO & AVOCAT

Pour 16 oshis • Préparation : 20 min + temps de préparation du riz • Difficulté : 1

- 500 g de riz à sushis (voir la recette p. 7)
- 150 g de tranches de prosciutto
- 2 avocats fermes, émincés
- Pâte de wasabi

Pour décorer

- Câpres en saumure, rincées et égouttées

1. Préparez le riz à sushis. Trempez un moule à sushis 30 minutes dans l'eau froide.
2. Tapissez le fond du moule avec la moitié du jambon. Étalez dessus la moitié de l'avocat, puis ajoutez un peu de wasabi par endroits. Complétez avec la moitié du riz, posez le couvercle et pressez.
3. Retournez le tout et démoulez le bloc formé. Coupez-le en quatre dans le sens de la largeur et en deux dans le sens de la longueur pour obtenir huit pièces. Répétez l'opération avec le reste des ingrédients.
4. Décorez chaque pièce de 2 câpres. Conservez au réfrigérateur jusqu'au moment de servir.

Oshis SAUMON & CRABE

Pour 16 oshis • Préparation : 20 min + temps de préparation du riz • Difficulté : 1

- 500 g de riz à sushis (voir la recette p. 7)
- 300 g de saumon coupé en lanières
- 150 g de chair de crabe
- Pâte de wasabi
- 5 cuill. à café de mayonnaise

1. Préparez le riz à sushis. Trempez un moule à sushis 30 minutes dans l'eau froide.
2. Tapissez le fond du moule avec la moitié du saumon. Étalez dessus la moitié du crabe, ajoutez un peu de wasabi par endroits, puis la moitié de la mayonnaise. Complétez avec la moitié du riz, posez le couvercle et pressez.
3. Retournez le tout et démoulez le bloc formé. Coupez-le en quatre dans le sens de la largeur et en deux dans le sens de la longueur pour obtenir huit pièces. Répétez l'opération avec le reste des ingrédients et conservez les oshis au réfrigérateur jusqu'au moment de servir.

Nigiris aux CREVETTES

Pour 24 oshis • Préparation : 30 min + temps de préparation du riz • Cuisson : 2 ou 3 min • Difficulté : 2

- 500 g de riz à sushis (voir la recette p. 7)
- 24 crevettes roses crues, moyennes ou grosses
- 1 cuill. à soupe de pâte de wasabi

Pour servir

- 6 cuill. à soupe de sauce soja
- Pâte de wasabi

1. Préparez le riz. Retirez la tête des crevettes et introduisez une pique en bois entre la chair et la carapace dans le sens de la longueur, pour éviter que le corps ne se recourbe à la cuisson.
2. Portez une casserole d'eau à ébullition. Plongez-y les crevettes 2 ou 3 minutes, jusqu'à ce qu'elles changent de couleur, puis trempez-les dans un bol d'eau froide pour stopper la cuisson. Égouttez sur du papier absorbant et laissez refroidir 5 minutes.
3. Retirez délicatement les piques, puis décortiquez les crevettes. Incisez la partie ventrale, retirez le filament noir et ouvrez le corps à plat en laissant la queue intacte.
4. Trempez vos mains dans l'eau froide et façonnez vingt-quatre bûchettes de riz. Étalez un peu de wasabi au sommet de chaque bûchette et coiffez-les d'une crevette.
5. Servez avec la sauce soja et un peu de wasabi.

Oshis CRABE & AVOCAT

Pour 16 oshis • Préparation : 20 min + temps de préparation du riz • Difficulté : 1

- 500 g de riz à sushis (voir la recette p. 7)
- 250 g de surimi râpé, saveur crabe
- 2 avocats fermes émincés
- Pâte de wasabi

Pour décorer

- Tranches de citron

Pour servir

- Sauce soja

1. Préparez le riz à sushis. Trempez un moule à sushis 30 minutes dans l'eau froide.
2. Tapissez le fond du moule avec la moitié du surimi. Étalez dessus la moitié des tranches d'avocat, puis ajoutez un peu de wasabi par endroits. Complétez avec la moitié du riz, posez le couvercle et pressez.
3. Retournez le tout et démoulez le bloc formé. Coupez-le en quatre dans le sens de la largeur et en deux dans le sens de la longueur pour obtenir huit pièces. Répétez l'opération avec le reste des ingrédients.
4. Conservez les oshis au réfrigérateur jusqu'au moment de servir. Décorez de tranches de citron et servez avec la sauce soja.

Oshis CREVETTES & NORI

- 500 g de riz à sushis (voir la recette p. 7)
- 24 crevettes cuites, moyennes ou grosses
- Pâte de wasabi
- 2 feuilles de nori

Pour servir

- Sauce soja

Pour 16 oshis • Préparation : 20 min + temps de préparation du riz • Difficulté : 2

1. Préparez le riz à sushis. Trempez un moule à sushis 30 minutes dans l'eau froide.
2. Décortiquez les crevettes en retirant la tête et la queue. Incisez la partie ventrale, ôtez le filament noir et ouvrez le corps à plat.
3. Tapissez le fond du moule avec la moitié des crevettes, côté rose dessous. Ajoutez un peu de wasabi par endroits, étalez 1/4 du riz, puis recouvrez d'une feuille de nori retaillée aux dimensions du moule. Complétez à nouveau avec 1/4 du riz, posez le couvercle et pressez.
4. Retournez le tout et démoulez le bloc formé. Coupez-le en quatre dans le sens de la largeur et en deux dans le sens de la longueur pour obtenir huit pièces. Répétez l'opération avec le reste des ingrédients. Servez avec la sauce soja.

Oshis carrés SAUMON FUMÉ

- 250 g de riz à sushis (voir la recette p. 7)
- 1 feuille de nori
- 1 cuill. à café de pâte de wasabi
- 2 cuill. à soupe de mayonnaise épicée (voir la recette p. 10)
- 8 grandes tranches de saumon fumé
- 4 cuill. à soupe d'eau
- 1 cuill. à soupe de vinaigre de riz

Pour décorer

- Concombre mariné (voir la recette p. 10)

Pour 16 oshis • Préparation : 20 min + temps de préparation du riz • Réfrigération : 1 h • Difficulté : 2

1. Préparez le riz à sushis. Garnissez un moule à gâteau carré de 20 cm de côté avec un film alimentaire, en laissant dépasser les bords. Tapissez le fond d'une feuille de nori.
2. Remplissez le moule avec le riz refroidi. Couvrez ce dernier d'un autre film alimentaire et lissez bien la surface avec le plat de la main.
3. Retirez le film, puis étalez le wasabi et la mayonnaise sur le riz. Répartissez les tranches de saumon par-dessus, en retaillant l'excédent aux dimensions du moule. Réservez 1 heure au réfrigérateur.
4. Versez l'eau et le vinaigre dans un petit bol. Sortez le bloc du moule en tirant doucement les bords du film. Trempez la lame d'un couteau dans l'eau vinaigrée et coupez le bloc de riz en carrés de 5 cm de côté. Décorez de concombre mariné, puis servez.

Ces appétissantes aumônières ne manqueront pas de se faire remarquer sur une assiette de sushis.

CHAKIN

- 250 g de riz à sushis (voir la recette p. 7)
- 5 champignons shiitake séchés
- 30 cl d'eau tiède
- 2 cuill. à soupe de mirin
- 1 ½ cuill. à soupe de fécule de maïs
- 4 gros œufs + 4 jaunes
- 1 cuill. à café de sel
- 4 cuill. à soupe d'huile végétale
- 3 cuill. à soupe de graines de sésame noir

Pour nouer les aumônières

- 8 à 10 brins de ciboulette

Pour 8 à 10 chakin • Préparation : 20 min + temps de préparation du riz • Trempage : 4 h • Cuisson : 15 à 20 min • Difficulté : 3

1. Préparez le riz à sushis et laissez-le refroidir.
2. Laissez tremper les champignons 4 heures dans 25 cl d'eau, puis égouttez. Filtrez l'eau de trempage, versez-la dans une petite casserole et ajoutez les champignons. Faites chauffer à feu moyen jusqu'à ébullition. Incorporez le mirin, retirez du feu et laissez refroidir. Égouttez les champignons, puis émincez-les finement.
3. Délayez la fécule de maïs avec l'eau restante dans un grand bol. Ajoutez les œufs entiers et les jaunes, salez, puis mélangez bien. Faites chauffer 1 cuillerée à soupe d'huile dans une poêle de 20 cm de diamètre. Versez juste assez de mélange aux œufs pour couvrir le fond et laissez cuire à feu moyen jusqu'à ce que l'omelette soit prise. Faites cuire l'autre côté, puis réservez sur une assiette. Répétez l'opération avec le reste du mélange : vous devez obtenir huit à dix omelettes.
4. Faites griller les graines de sésame à sec dans une petite poêle, pendant 2 ou 3 minutes. Incorporez ces graines et les champignons au riz.
5. Façonnez huit à dix boules de riz mélangé. Déposez une boule au centre de chaque omelette, refermez délicatement les bords sur la garniture pour former une aumônière, et nouez un brin de ciboulette autour du col. Transférez avec précaution dans un plat, puis servez.

Oshis SAINT-VALENTIN

- 500 g de riz à sushis (voir la recette p. 7)
- 120 g de thon albacore
- 12 feuilles de shiso (plante aromatique)
- Pâte de wasabi

Pour 12 oshis • Préparation : 15 min + temps de préparation du riz • Repos : 30 min • Difficulté : 1

1. Préparez le riz à sushis et laissez-le refroidir.
2. Émincez le thon en fines tranches. Garnissez d'un film alimentaire un moule en forme de cœur. Tapissez le fond d'une couche de thon, puis d'une couche de feuilles de shiso. Ajoutez un peu de wasabi et remplissez de riz l'intérieur du moule. Du bout des doigts, pressez la surface délicatement, mais fermement, puis couvrez-la d'un film alimentaire. Posez un objet plat et lourd sur le moule, puis laissez reposer 30 minutes.
3. Démoulez le bloc avec précaution et retirez le film. Au moment de servir, coupez le cœur en douze morceaux.

Onigiris au SAUMON FUMÉ

- 500 g de riz à sushis (voir la recette p. 7)
- 1 feuille de nori
- 90 g de saumon fumé en tranches
- 1 cuill. à café de pâte de wasabi

Pour servir

- 12 cl de sauce soja

Pour 8 onigiris • Préparation : 20 min + temps de préparation du riz • Difficulté : 2

1. Préparez le riz à sushis et laissez-le refroidir.
2. Coupez la feuille de nori en bandes de 8 x 2,5 cm. Hachez le saumon.
3. Mélangez le saumon et le wasabi dans un bol, puis réservez. Trempez vos mains dans l'eau froide pour éviter que le riz colle à vos doigts et façonnez des boules de riz de la taille d'une balle de golf.
4. Creusez un trou au cœur d'une boule et déposez 1 cuillerée à café de mélange au saumon. Couvrez d'une autre boule de riz, puis façonnez une pyramide d'environ 2,5 cm d'épaisseur et de 8 cm de hauteur. Enveloppez la base d'une bande de nori, en lissant bien les bords latéraux. Répétez l'opération avec le reste des ingrédients, puis servez avec la sauce soja.

Oshis au SAUMON FUMÉ

- 500 g de riz à sushis (voir la recette p. 7)
- 1 citron vert non traité
- 250 g de saumon fumé en tranches
- Pâte de wasabi

Pour servir

- Gingembre mariné (voir la recette p. 9)

Pour 16 oshis • Préparation : 20 min + temps de préparation du riz • Difficulté : 2

1. **Préparez** le riz à sushis et laissez-le refroidir. Trempez un moule à sushis 30 minutes dans l'eau froide.
2. **Coupez** le citron en deux dans le sens de la longueur, puis détaillez-le en tranches très fines. Alignez des demi-rondelles dans le fond du moule. Recouvrez-les de la moitié du saumon fumé et ajoutez un peu de wasabi par endroits. Complétez avec la moitié du riz, posez le couvercle et pressez.
3. **Retournez** le tout et démoulez le bloc formé. Coupez-le en quatre dans le sens de la largeur et en deux dans le sens de la longueur pour obtenir huit pièces. Répétez l'opération avec le reste des ingrédients et conservez les oshis au réfrigérateur. Servez avec le gingembre mariné.

Nigiris MANGUE & SAUMON FUMÉ

- 500 g de riz à sushis (voir la recette p. 7)
- 1 mangue
- 250 g de saumon fumé en tranches
- Pâte de wasabi

Pour servir

- Gingembre mariné (voir la recette p. 9)
- Sauce d'agrumes (voir la recette p. 10)

Pour 32 nigiris • Préparation : 15 min + temps de préparation du riz • Difficulté : 1

1. Préparez le riz à sushis et laissez-le refroidir.
2. Épluchez et dénoyautez la mangue. Détaillez-la en trente-deux dés.
3. Trempez vos mains dans l'eau froide pour éviter que le riz colle à vos doigts. Prenez 2 cuillerées à soupe de riz froid dans la paume de votre main, pressez légèrement pour former une boule, puis creusez le centre avec votre pouce. Déposez un dé de mangue dans le trou formé, refermez la boule de riz sur le fruit et façonnez une forme oblongue.
4. Taillez les tranches de saumon à la dimension des boulettes oblongues. Déposez un peu de wasabi sur chaque boulette de riz et coiffez-les de saumon fumé. Répétez l'opération avec le reste des ingrédients. Servez avec le gingembre mariné et la sauce d'agrumes.

Les nigiris, ou sushis pressés à la main, se reconnaissent à leur forme oblongue. Le sommet est garni d'un peu de wasabi, puis coiffé d'une fine tranche de poisson ou d'omelette. On ajoute parfois une bande de nori pour maintenir l'ensemble en place.

Nigiris à l'OMELETTE JAPONAISE

- 250 g de riz à sushis (voir la recette p. 7)
- 4 gros œufs
- 2 cuill. à soupe de sucre en poudre
- 1 cuill. à café de sauce soja
- 15 g de beurre
- Pâte de wasabi
- 1 ou 2 feuilles de nori

Pour 30 nigiris environ • Préparation : 30 min + temps de préparation du riz • Cuisson : 5 min • Difficulté : 2

1. Préparez le riz à sushis et laissez-le refroidir.
2. Battez les œufs dans un petit bol. Ajoutez le sucre et la sauce soja, puis mélangez bien.
3. Dans une grande poêle, faites fondre le beurre à feu moyen en répartissant bien la matière grasse, puis versez le mélange aux œufs. Lorsqu'une spatule glisse sous le pourtour sans le déchirer, retournez l'omelette et poursuivez la cuisson jusqu'à ce qu'elle soit à peine dorée.
4. Coupez l'omelette en rectangles de 6 x 4 cm.
5. Trempez vos mains dans l'eau froide pour éviter que le riz colle à vos doigts. Prenez 2 cuillerées à soupe de riz froid dans la paume de votre main et façonnez une forme oblongue. Déposez un peu de wasabi au sommet de la boulette, puis coiffez-la d'un rectangle d'omelette. Répétez l'opération avec le reste des ingrédients.
6. Coupez la feuille de nori en longues bandes de 5 mm de largeur. Entourez chaque nigiri d'une bande de nori, coupez l'excédent et collez les extrémités sous la base en les humectant d'un peu d'eau froide. Servez.

Assiette de NIGIRIS

- 500 g de riz à sushis (voir la recette p. 7)
- 150 g de thon albacore
- 150 g de dorade rose
- 150 g de vivaneau
- 150 g de saumon
- Pâte de wasabi

Pour servir

- Gingembre mariné (voir la recette p. 9)
- Sauce au choix (voir les recettes p. 10)

Pour 30 nigiris environ • Préparation : 30 min + temps de préparation du riz • Difficulté : 1

1. Préparez le riz à sushis et laissez-le refroidir.
2. Déposez le poisson sur une planche à découper et, du bout des doigts, vérifiez s'il reste des arêtes. Si cela est nécessaire, retirez-les à la pince à épiler. Émincez finement les filets en tranches rectangulaires de 5 x 2,5 cm.
3. Trempez vos mains dans l'eau froide pour éviter que le riz colle à vos doigts. Prenez 2 cuillerées à soupe de riz froid dans la paume de votre main et façonnez une forme oblongue. Déposez une petite quantité de wasabi au sommet de la boulette, coiffez-la d'un rectangle de poisson, puis pressez délicatement pour maintenir l'ensemble en place en rabattant les bords du poisson sur le riz. Répétez l'opération avec le reste des ingrédients.
4. Servez avec du gingembre mariné et éventuellement un peu de wasabi, de la sauce soja ou une autre sauce au choix.

Nigiris aux POIVRONS GRILLÉS

- 250 g de riz à sushis (voir la recette p. 7)
- 1 petit poivron rouge
- 1 petit poivron jaune
- Pâte de wasabi
- 1 feuille de nori

Pour servir

- Salade d'algues

Pour 15 nigiris environ • Préparation : 30 min + temps de préparation du riz • Cuisson : 10 à 15 min • Difficulté : 1

1. Préparez le riz à sushis et laissez-le refroidir.
2. Préchauffez le gril du four. Coupez les poivrons en quatre et épépinez-les. Enfournez-les jusqu'à ce que la peau noircisse, puis placez-les dans un sac en plastique et laissez-les suer 10 minutes. Retirez-les du sac et ôtez la peau. Détaillez-les en lamelles de 6 x 4 cm.
3. Trempez vos mains dans l'eau froide pour éviter que le riz colle à vos doigts. Prenez 2 cuillerées à soupe de riz froid dans la paume de votre main et façonnez une forme oblongue. Déposez une petite quantité de wasabi au sommet de la boulette, puis coiffez-la d'un morceau de poivron. Pressez délicatement pour maintenir l'ensemble en place. Répétez l'opération avec le reste des ingrédients.
4. Coupez la feuille de nori en longues bandes de 5 mm de largeur. Entourez chaque nigiri d'une bande de nori, coupez l'excédent et collez l'extrémité sous la base en l'humectant d'un peu d'eau froide.
5. Servez avec une salade d'algues.

Le gunkan, qui signifie littéralement « bateau cuirassé », est une forme particulière de sushi pressé. Vous pouvez le garnir d'ingrédients variés – œufs de poisson, œufs de caille cuits, maïs, huîtres ou hachis de saumon fumé, pour n'en citer que quelques-uns.

Gunkans au POULET TERIYAKI

- 500 g de riz à sushis (voir la recette p. 7)
- 5 feuilles de nori
- 4 cuill. à soupe de sauce soja foncée
- 4 cuill. à soupe de saké
- 2 cuill. à café de sucre en poudre
- 400 g de blancs de poulet
- Pâte de wasabi

Pour servir

- Sauce aigre-douce (voir la recette p. 10)
- Ciboulette ciselée
- Mayonnaise épicée (voir la recette p. 10)
- Câpres

Pour 30 gunkans • Préparation : 30 min + temps de préparation du riz • Marinade : 30 min • Cuisson : 3 ou 4 min • Difficulté : 2

1. Préparez le riz à sushis et laissez-le refroidir. Coupez chaque feuille de nori en six bandes égales.
2. Mélangez la sauce soja, le saké et le sucre dans un petit bol. Coupez les blancs de poulet en fines lanières. Mettez les morceaux dans un grand récipient et arrosez-les du mélange précédent. Remuez pour bien enrober la viande et laissez mariner 30 minutes.
3. Faites revenir le poulet mariné dans une poêle pendant 3 ou 4 minutes, jusqu'à ce qu'il soit tendre. Réservez.
4. Trempez vos mains dans l'eau froide pour éviter que le riz colle à vos doigts. Prenez 1 cuillerée à soupe de riz froid dans la paume de votre main et façonnez une forme oblongue. Encerclez cette boulette d'une bande de nori et collez son extrémité en l'humectant d'un peu d'eau froide. La bande de nori doit légèrement dépasser de la surface du riz de manière à former un réceptacle pour la garniture. Répétez l'opération avec le reste du riz.
5. Garnissez la surface du riz d'un peu de wasabi à l'aide d'une petite cuillère, puis de morceaux de poulet, et dressez sur des assiettes. Décorez la moitié des gunkans de sauce aigre-douce et de ciboulette, puis l'autre moitié de mayonnaise et de 1 ou 2 câpres.

Gunkans au MAÏS

Pour 18 gunkans • Préparation : 20 min + temps de préparation du riz • Difficulté : 2

- 250 g de riz à sushis (voir la recette p. 7)
- 3 feuilles de nori
- 180 g de maïs en conserve, égoutté
- 3 cuill. à soupe de mayonnaise épicée (voir la recette p. 10)
- 1 cuill. à café de sauce soja
- Pâte de wasabi

Pour décorer

- 2 ou 3 cuill. à café de ciboulette ciselée

1. Préparez le riz à sushis et laissez-le refroidir. Coupez chaque feuille de nori en six bandes égales.
2. Trempez vos mains dans l'eau froide, prenez 1 cuillerée à soupe de riz froid et façonnez une forme oblongue. Encerclez cette boulette d'une bande de nori et collez son extrémité en l'humectant d'eau froide. La bande doit légèrement dépasser de la surface du riz de manière à former un réceptacle. Répétez l'opération avec le reste du riz.
3. Mélangez le maïs, la mayonnaise et la sauce soja dans un petit bol. À l'aide d'une petite cuillère, garnissez le riz d'un peu de wasabi, puis du mélange au maïs. Décorez de ciboulette et servez.

Gunkans aux ŒUFS DE POISSON

Pour 30 gunkans • Préparation : 20 min + temps de préparation du riz • Difficulté : 2

- 500 g de riz à sushis (voir la recette p. 7)
- 5 feuilles de nori
- 90 g d'œufs de poisson volant (en vente sur Internet, ou remplacez par des œufs de lump)
- Pâte de wasabi
- 90 g d'œufs de saumon
- 90 g d'œufs de lump

Pour servir

- Sauce soja

1. Préparez le riz à sushis et laissez-le refroidir. Coupez chaque feuille de nori en six bandes égales.
2. Trempez vos mains dans l'eau froide, prenez 1 cuillerée à soupe de riz froid et façonnez une forme oblongue. Encerclez cette boulette d'une bande de nori et collez son extrémité en l'humectant d'eau froide. La bande doit légèrement dépasser de la surface du riz de manière à former un réceptacle pour la garniture. Répétez l'opération avec le reste du riz.
3. Mélangez les œufs de poisson dans un bol. À l'aide d'une petite cuillère, garnissez le riz d'un peu de wasabi, puis du mélange d'œufs. Servez avec la sauce soja.

Gunkans à la SALADE DE CREVETTES

Pour 30 gunkans • Préparation : 20 min + temps de préparation du riz • Cuisson : 3 ou 4 min • Difficulté : 2

- 500 g de riz à sushis (voir la recette p. 7)
- 5 feuilles de nori
- 1 carotte coupée en dés
- 4 cuill. à soupe de petits pois surgelés
- 150 g de petites crevettes cuites, décortiquées
- 5 cuill. à soupe de mayonnaise épicée (voir la recette p. 10)

1. Préparez le riz à sushis et laissez-le refroidir. Coupez chaque feuille de nori en six bandes égales.
2. Faites cuire la carotte et les petits pois 3 ou 4 minutes dans une casserole remplie d'eau légèrement salée. Égouttez bien. Hachez grossièrement les crevettes, mettez-les dans un bol, puis ajoutez les légumes et la mayonnaise. Mélangez bien.
3. Trempez vos mains dans l'eau froide, prenez 1 cuillerée à soupe de riz froid et façonnez une forme oblongue. Encerclez cette boulette d'une bande de nori et collez son extrémité en l'humectant d'eau froide. Répétez l'opération avec le reste du riz.
4. Garnissez le riz d'un peu de salade de crevettes à l'aide d'une petite cuillère, puis servez.

Gunkans au SAUMON FUMÉ

Pour 30 gunkans • Préparation : 20 min + temps de préparation du riz • Difficulté : 2

- 500 g de riz à sushis (voir la recette p. 7)
- 5 feuilles de nori
- Pâte de wasabi
- 150 g de saumon fumé

Pour décorer

- 1 citron non traité
- 230 g de mayonnaise épicée (voir la recette p. 10)
- Quelques rubans de concombre

1. Préparez le riz à sushis et laissez-le refroidir. Coupez chaque feuille de nori en six bandes égales.
2. Trempez vos mains dans l'eau froide, prenez 1 cuillerée à soupe de riz froid et façonnez une forme oblongue. Encerclez cette boulette d'une bande de nori et collez son extrémité en l'humectant d'eau froide. La bande doit légèrement dépasser de la surface du riz de manière à former un réceptacle pour la garniture. Répétez l'opération avec le reste du riz.
3. Garnissez le riz d'un peu de wasabi. Coupez le saumon fumé en rectangles aux dimensions des gunkans et posez-les à la surface du riz. Coupez le citron en deux dans le sens de la longueur, puis en fines demi-rondelles. Ajoutez sur chaque pièce un peu de mayonnaise, une tranche de citron et un ruban de concombre. Servez.

Les temaris sont des sushis en forme de boule. Très simples à réaliser, ils sont parfaits pour débuter.

Temaris VÉGÉTARIENS

Pour les temaris

- 500 g de riz à sushis (voir la recette p. 7)
- 2 carottes moyennes
- 6 oignons nouveaux
- 4 cuill. à soupe de graines de sésame blanc
- 4 cuill. à soupe de graines de sésame noir

Pour la sauce gingembre et wasabi

- 1 cuill. à soupe de gingembre
- 1 gousse d'ail
- 1 cuill. à soupe de poudre de wasabi
- 4 cuill. à soupe d'eau
- 2 cuill. à soupe d'huile d'arachide
- 3 cuill. à soupe de vinaigre de riz
- 6 cuill. à soupe de sauce soja

Pour 30 temaris environ • Préparation : 20 min + temps de préparation du riz • Difficulté : 1

Temaris

1. Préparez le riz à sushis et laissez-le refroidir.
2. Râpez les carottes et hachez les oignons. Incorporez les carottes et les oignons au riz. Mélangez bien.
3. Faites griller séparément les graines de sésame blanc et de sésame noir, à sec dans des petites poêles. Puis répartissez-les sur deux assiettes séparées.
4. Trempez vos mains dans l'eau froide, prenez 1 ou 2 cuillerées à soupe de riz mélangé et façonnez une boule. Lorsque toutes les boules sont prêtes, roulez la moitié d'entre elles dans les graines de sésame blanc, l'autre moitié dans les graines de sésame noir. Dressez sur un plat et réservez 30 minutes au réfrigérateur.

Sauce gingembre et wasabi

5. Pelez et hachez le gingembre et la gousse d'ail. Mettez tous les ingrédients dans un bol et mélangez bien. Servez avec les temaris.

Si cette recette vous plaît, vous aimerez aussi...

74

Temaris CALIFORNIA

76

Temaris aux UMEBOSHI

76

Temaris au SAUMON FUMÉ

Barquettes d'endive au CARPACCIO DE BŒUF

- 500 g de riz à sushis (voir la recette p. 7)
- 2 feuilles de nori
- 16 feuilles d'endive, de taille moyenne
- 200 g de filet de bœuf
- Pâte de wasabi

Pour 16 barquettes • Préparation : 20 min + temps de préparation du riz • Difficulté : 1

1. Préparez le riz à sushis et laissez-le refroidir.
2. Coupez les feuilles de nori en bandes de 1 cm de largeur. Alignez les feuilles d'endive sur un plan de travail.
3. Coupez le filet de bœuf en tranches de 3 mm d'épaisseur, puis en rectangles aux dimensions des feuilles d'endive.
4. Trempez vos mains dans l'eau froide pour éviter que le riz colle à vos doigts. Prenez une bonne poignée de riz et façonnez une forme oblongue aux dimensions des feuilles d'endive. Déposez la boulette dans une feuille, ajoutez un peu de wasabi, puis coiffez le riz d'un rectangle de bœuf. Entourez l'ensemble d'une bande de nori. Humectez son extrémité d'un peu d'eau froide et collez-la sous la feuille d'endive. Répétez l'opération avec les autres feuilles, puis servez.

Nigiris ASPERGES & SAUMON FUMÉ

- 500 g de riz à sushis (voir la recette p. 7)
- 2 feuilles de nori
- 24 petites pointes d'asperges vertes
- 200 g de saumon fumé en tranches
- Pâte de wasabi

Pour 12 nigiris • Préparation : 20 min + temps de préparation du riz • Cuisson : 1 ou 2 min • Difficulté : 1

1. Préparez le riz à sushis et laissez-le refroidir. Coupez les feuilles de nori en bandes de 1 cm de largeur.
2. Plongez les asperges dans une casserole d'eau bouillante légèrement salée pendant 1 ou 2 minutes. Elles doivent rester croquantes. Égouttez soigneusement.
3. Coupez le saumon fumé en carrés de 5 cm de côté.
4. Trempez vos mains dans l'eau froide pour éviter que le riz colle à vos doigts. Prenez une poignée de riz dans la paume de votre main et façonnez une forme oblongue. Ajoutez un peu de wasabi sur le dessus, puis coiffez le riz de deux asperges surmontées d'un carré de saumon. Entourez l'ensemble d'une bande de nori, humectez son extrémité d'un peu d'eau froide et collez-la sous la base. Répétez l'opération avec le reste des ingrédients, puis servez.

En Occident, les sushis ont fait leur apparition dans les années 1960, avec l'arrivée de chefs japonais à Los Angeles. Inventés par Ichiro Mashita au restaurant Tokyo Kaikan, les california makis existent aujourd'hui sous de nombreuses formes, comme ici en temari. Cette recette est probablement la plus facile et la plus rapide à préparer.

Temaris CALIFORNIA

- 500 g de riz à sushis (voir la recette p. 7)
- 1 avocat
- 2 cuill. à café de jus de citron
- 1 petite carotte
- 1/2 petit concombre
- 90 g de saumon fumé en tranches
- Pâte de wasabi
- 2 ou 3 cuill. à soupe de gingembre mariné (voir la recette p. 9)
- 20 g de graines de sésame blanc

Pour servir

- Sauce soja

Pour 20 temaris • Préparation : 15 min + temps de préparation du riz • Réfrigération : 1 h • Difficulté : 1

1. Préparez le riz à sushis et laissez-le refroidir.
2. Réduisez l'avocat en purée avec le jus de citron dans un bol. Râpez la carotte. Hachez le concombre et le saumon.
3. Trempez vos mains dans l'eau froide et divisez le riz en vingt parts. Posez une portion au milieu d'un film alimentaire carré et aplatissez-la du bout des doigts pour former un disque de 5 mm d'épaisseur. Garnissez ce dernier d'un peu de wasabi.
4. Étalez 2 cuillerées à café de purée d'avocat au milieu du disque. Ajoutez 2 ou 3 cuillerées à café de carotte, de concombre, de saumon et de gingembre mariné. À l'aide du film alimentaire, refermez le riz sur la garniture pour former une boule. Ouvrez le film et transférez la boule sur une assiette. Répétez l'opération avec le reste des ingrédients.
5. Faites griller les graines de sésame à sec dans une petite poêle. Roulez les boules dans les graines de sésame, déposez-les sur un plat et couvrez. Réservez 1 heure au réfrigérateur. Servez avec la sauce soja.

Si cette recette vous plaît, vous aimerez aussi...

19
Makis ARC-EN-CIEL

31
makis CALIFORNIA

70
Temaris VÉGÉTARIENS

Temaris aux UMEBOSHI

Pour 15 temaris environ • Préparation : 15 min • Cuisson : 15 à 20 min • Difficulté : 2

- 300 g de riz brun cuit
- 3 cuill. à soupe de basilic thaï ciselé
- 18 cl de sauce soja
- 8 umeboshi (prunes en saumure)
- 50 cl d'huile végétale

1. Mélangez le riz cuit dans un grand bol avec le basilic et 3 cuillerées à soupe de sauce soja, jusqu'à ce que le riz devienne collant.
2. Réduisez en purée les umeboshi.
3. Trempez vos mains dans l'eau froide et façonnez des boules de riz de la taille d'un œuf. Creusez un trou au centre, déposez 1 cuillerée à café de purée de prunes et refermez le riz sur la garniture.
4. Faites chauffer l'huile dans une friteuse. Lorsque l'huile est très chaude, faites frire les boules de riz 4 ou 5 minutes, par petites quantités.
5. Égouttez sur du papier absorbant et servez chaud avec le reste de sauce soja.

Temaris au SAUMON FUMÉ

Pour 20 temaris environ • Préparation : 20 min + temps de préparation du riz • Difficulté : 2

- 500 g de riz à sushis (voir la recette p. 7)
- 4 feuilles de nori
- 150 g de saumon fumé en tranches
- Pâte de wasabi

1. Préparez le riz à sushis et laissez-le refroidir. Coupez les feuilles de nori et le saumon fumé en carrés de 2,5 cm de côté.
2. Disposez trente-deux carrés de film alimentaire sur un plan de travail. Déposez un carré de feuille de nori, puis un carré de saumon fumé au milieu de chaque film. Garnissez d'un peu de wasabi.
3. Trempez vos mains dans l'eau froide et déposez 2 cuillerées à soupe de riz sur chaque carré de saumon fumé. Rassemblez les coins du film, puis entortillez-les sur eux-mêmes afin de compacter le riz en forme de boule. Laissez les boules dans leur film et réservez-les au réfrigérateur jusqu'au moment de servir.

Inaris aux CHAMPIGNONS

Pour 12 inaris • Préparation : 20 min + temps de préparation du riz • Cuisson : 3 ou 4 min • Difficulté : 2

- 500 g de riz à sushis (voir la recette p. 7)
- 12 cl de sauce soja
- 24 têtes de champignons shiitake finement émincées
- 12 poches de tofu frit

1. Préparez le riz à sushis et laissez-le refroidir.
2. Faites chauffer 3 cuillerées de sauce soja dans une poêle. Ajoutez les lamelles de champignon et laissez-les cuire 3 ou 4 minutes à feu moyen, jusqu'à ce qu'elles soient tendres. Réservez douze belles lamelles, hachez le reste et incorporez-le au riz avec la sauce. Mélangez bien.
3. Remplissez généreusement les poches de tofu de riz mélangé, puis garnissez leur sommet d'une lamelle de champignon. Servez avec le reste de sauce soja.

Inaris au SÉSAME

Pour 12 inaris • Préparation : 20 min + temps de préparation du riz • Difficulté : 2

- 250 g de riz à sushis (voir la recette p. 7)
- 2 cuill. à soupe de graines de sésame noir grillé
- 12 poches de tofu frit

Pour servir

- 1/2 concombre coupé en bâtonnets
- 1 carotte coupée en bâtonnets
- Sauce soja
- Gingembre mariné

1. Préparez le riz à sushis et laissez-le refroidir.
2. Mélangez le riz et les graines de sésame. Trempez vos mains dans l'eau froide et façonnez douze boulettes de riz mélangé. Garnissez chaque poche de tofu d'une boulette bien compacte.
3. Servez avec les bâtonnets de crudités, de la sauce soja et du gingembre mariné.

Les Japonais présentent souvent à leurs hôtes des feuilles de nori et des ingrédients frais disposés sur des assiettes, puis chacun garnit son sushi selon ses envies. Servez les temakis immédiatement après avoir roulé les cornets afin que la feuille de nori ne se ramollisse pas.

Temakis SAUMON FUMÉ & CRUDITÉS

- 500 g de riz à sushis (voir la recette p. 7)
- 5 feuilles de nori
- 200 g de saumon fumé
- 1 petit concombre non épluché
- 1 poivron rouge ou jaune
- 2 petits avocats
- 2 carottes moyennes
- 110 g de mayonnaise épicée (voir la recette p. 10)
- 50 g de pousses d'épinards

Pour servir

- 12 cl de sauce soja
- 1 cuill. à soupe de wasabi
- Gingembre mariné (voir la recette p. 9)

Pour 10 temakis • Préparation : 20 min + temps de préparation du riz • Difficulté : 1

1. **Préparez** le riz à sushis et laissez-le refroidir.
2. **Coupez** les feuilles de nori en deux dans la diagonale. Émincez le saumon fumé. Épépinez le concombre. Coupez le poivron, les avocats, et le concombre en longs bâtonnets. Détaillez les carottes en rubans à l'aide d'un Économe.
3. **Prenez** un triangle de feuille de nori dans une main, côté brillant contre votre paume. Étalez 3 ou 4 cuillerées à soupe de riz en fine couche sur une moitié du triangle. Garnissez le riz d'un peu de mayonnaise, puis déposez en diagonale des bâtonnets de saumon fumé et de crudités, en complétant avec quelques pousses d'épinards.
4. **Repliez** le coin libre de la feuille sur la garniture et roulez-la en cornet. Humectez légèrement sa pointe et pressez pour la sceller.
5. **Répétez** l'opération avec le reste des ingrédients, puis servez avec la sauce soja, le wasabi et le gingembre mariné.

Si cette recette vous plaît, vous aimerez aussi...

Temakis VÉGÉTARIENS

Temakis RIZ BRUN & CREVETTES

Temakis THON & CRUDITÉS

Temakis RIZ BRUN & CREVETTES

- 75 cl d'eau
- 300 g de riz brun
- 4 cuill. à soupe de vinaigre de riz
- 500 g de grosses crevettes cuites, décortiquées
- 110 g de mayonnaise épicée (voir la recette p. 10)
- 1 avocat
- 1 petit concombre
- 2 oignons nouveaux
- 5 feuilles de nori
- Pâte de wasabi
- 2 cuill. à soupe de graines de sésame noir
- 4 cuill. à soupe d'œufs de poisson volant (en vente sur Internet, ou remplacez par des œufs de lump)

Pour servir

- Sauce soja
- Gingembre mariné (voir p. 9)

Pour 10 temakis • Préparation : 30 min • Refroidissement : 1 h • Cuisson : 40 à 45 min • Difficulté : 2

1. Versez l'eau dans une casserole, ajoutez le riz et portez à ébullition. Couvrez et laissez mijoter 40 à 45 minutes à feu doux, jusqu'à ce que le riz soit tendre. Égouttez, incorporez le vinaigre de riz, puis transférez dans une passoire. Laissez refroidir.
2. Hachez grossièrement les crevettes et mélangez-les à la mayonnaise. Coupez l'avocat et le concombre en longs bâtonnets et émincez finement les oignons.
3. Coupez les feuilles de nori en deux dans la diagonale. Prenez un triangle dans une main, côté brillant contre votre paume. Étalez 3 ou 4 cuillerées à soupe de riz en fine couche sur une moitié du triangle et garnissez-le de wasabi. Ajoutez un peu des crevettes hachées et un assortiment au choix parmi les autres ingrédients.
4. Repliez le coin libre de la feuille sur la garniture et roulez-la en cornet. Humectez légèrement sa pointe et pressez pour la sceller. Répétez l'opération avec le reste des ingrédients, puis servez avec la sauce soja et le gingembre mariné.

Temakis THON & CRUDITÉS

- 250 g de riz à sushis (voir la recette p. 7)
- 20 haricots verts
- 180 g de thon
- 1 petit bocal de poivrons rouges grillés
- 2 petits avocats
- 5 feuilles de nori
- 110 g de mayonnaise épicée (voir la recette p. 10)

Pour servir

- Sauce soja
- Pâte de wasabi
- Gingembre mariné (voir la recette p. 9)

Pour 10 temakis • Préparation : 20 min + temps de préparation du riz • Cuisson : 2 min • Difficulté : 1

1. Préparez le riz à sushis et laissez-le refroidir.
2. Faites blanchir les haricots verts équeutés pendant 2 minutes dans une casserole d'eau légèrement salée. Égouttez bien. Coupez le thon, les poivrons et les avocats en longs bâtonnets.
3. Coupez les feuilles de nori en deux dans la diagonale. Prenez un triangle dans une main, côté brillant contre votre paume. Étalez 3 ou 4 cuillerées à soupe de riz en fine couche sur une moitié du triangle et garnissez-le de mayonnaise. Déposez en diagonale quelques morceaux de thon, de poivron et d'avocat, puis deux haricots verts.
4. Repliez le coin libre de la feuille sur la garniture et roulez-la en cornet. Humectez légèrement sa pointe et pressez pour la sceller.
5. Répétez l'opération avec le reste des ingrédients, puis servez avec la sauce soja, le wasabi et le gingembre mariné.

Chirashis

EDOMAE chirashi

- 16 champignons shiitake séchés
- 500 g de riz à sushis (voir la recette p. 7)
- 4 cuill. à soupe de mirin
- 25 cl de dashi (bouillon japonais)
- 12 cl de sauce soja
- 4 cuill. à soupe de saké
- 2 cuill. à soupe de sucre en poudre
- 4 carottes coupées en longs bâtonnets
- 6 haricots mange-tout
- 6 grosses crevettes crues
- 6 blancs de calmar
- 350 g de thon
- 2 gros œufs + les jaunes de 4 gros œufs

Pour décorer

- Quelques brins de kinomé (jeunes pousses de frêne, ou remplacez par d'autres graines germées)
- Quelques graines de sésame

Pour servir

- Gingembre mariné (voir la recette p. 9)

Pour 6 à 8 personnes • Préparation : 45 min + temps de préparation du riz • Trempage : 4 h • Repos : 2 h • Cuisson : 25 à 30 min • Difficulté : 2

1. Mettez les champignons dans un bol, couvrez-les d'eau tiède et laissez-les tremper environ 4 heures. Égouttez, puis préparez le riz à sushis. Laissez-le refroidir. Versez le mirin dans une casserole avec la moitié du dashi, de la sauce soja et du saké. Faites chauffer à feu moyen, ajoutez les champignons et laissez mijoter 15 minutes. Retirez, puis laissez reposer 2 heures. Égouttez, puis coupez en deux 12 beaux champignons. Hachez le reste.
2. Dans une casserole, délayez le sucre dans le reste de dashi, de sauce soja et de saké. Ajoutez les carottes et laissez mijoter 7 ou 8 minutes. Émincez les haricots et faites-les blanchir 3 minutes dans une casserole d'eau bouillante salée. Égouttez les légumes et laissez refroidir.
3. Ébouillantez les crevettes 2 ou 3 minutes jusqu'à ce qu'elles deviennent roses. Égouttez et laissez refroidir. Décortiquez-les, retirez le filament noir, puis ouvrez-les à plat. Coupez les calmars en carrés de 8 cm. Avec un couteau, quadrillez-les, puis coupez-les en lanières et plongez-les de 20 à 30 secondes dans une casserole d'eau bouillante, jusqu'à ce qu'elles se recourbent. Trempez-les aussitôt dans de l'eau glacée, puis égouttez. Coupez le thon en tranches de 5 mm, dans le sens inverse des fibres. Battez les œufs et les jaunes, puis filtrez le mélange. Confectionnez une grande omelette, laissez-la refroidir et coupez-la en fines lanières.
4. Mélangez le riz aux champignons et transférez sur un plat de service. Parsemez d'omelette, de champignons, de crevettes, de calmars, de thon, de carottes et de haricots. Décorez de kinomé et de graines de sésame, puis servez avec le gingembre mariné.

Le chirashi se compose de divers ingrédients – essentiellement des légumes et du poisson – associés à du riz à sushis. Ils sont soit mélangés au riz, soit joliment disposés dessus. Il n'y a pas de règle établie ! Aussi n'hésitez pas à adapter les recettes en fonction des goûts de chacun et des saisons.

Chirashi PRINTANIER

- 500 g de riz à sushis (voir la recette p. 7)

Pour les fleurs de radis

- 4 radis équeutés
- 2 cuill. à soupe de sucre en poudre
- 2 cuill. à soupe de vinaigre de riz

Pour les fleurs d'omelette

- 1/2 cuill. à café de fécule de maïs
- 1 gros œuf battu
- 1 pincée de sel
- Huile de tournesol

Pour les légumes et le poisson

- 6 champignons shiitake séchés
- 5 cuill. à soupe de sucre en poudre
- 2 ½ cuill. à soupe de mirin
- 4 cuill. à soupe de bouillon de volaille
- 1 petite carotte coupée en petits bâtonnets
- 8 haricots mange-tout
- 250 g de petites crevettes décortiquées
- 120 g de filet de cabillaud
- 1 cuill. à café de saké
- 1 pincée de sel
- 3 cuill. à soupe de graines de sésame blanc
- Sel

Pour 4 à 6 personnes • Préparation : 15 min + temps de préparation du riz • Marinade : 6 à 12 h • Trempage : 4 h • Cuisson : 20 à 25 min • Difficulté : 2

1. Préparez le riz à sushis et laissez-le refroidir.

Fleurs de radis

2. Incisez chaque radis en croix pour former des pétales. Dans un bol, délayez le sucre avec le vinaigre et ajoutez les radis. Laissez mariner 6 heures ou toute une nuit.

Fleurs d'omelette

3. Mélangez la fécule avec 1 cuillerée à soupe d'eau dans un bol. Ajoutez l'œuf et le sel. Dans une petite poêle huilée, faites cuire le mélange jusqu'à ce que l'omelette soit prise, puis découpez-la à l'aide d'un emporte-pièce en forme de fleur.

Légumes et poisson

4. Laissez tremper les champignons 4 heures dans de l'eau tiède, puis égouttez en réservant le liquide. Jetez les pieds et émincez les têtes. Dans une casserole, versez 6 cuillerées à soupe d'eau de trempage, 2 cuillerées à soupe de sucre et le mirin. Ajoutez les champignons et laissez mijoter à feu doux jusqu'à évaporation du liquide.
5. Dans une casserole, portez à ébullition le bouillon de volaille additionné de 1/2 cuillerée à café de sucre. Ajoutez la carotte et laissez mijoter 2 ou 3 minutes. Laissez refroidir.
6. Équeutez les haricots puis faites-les blanchir ; coupez-les en biais. Faites blanchir les crevettes. Plongez le poisson 3 ou 4 minutes dans une casserole d'eau bouillante, égouttez, puis transférez dans une poêle sèche, avec le saké, le reste du sucre et le sel. Laissez cuire à feu doux en émiettant le poisson à la fourchette.
7. Faites légèrement griller les graines de sésame à sec dans une petite poêle. Mélangez le riz, les champignons, la carotte, le poisson, les crevettes et les graines de sésame. Décorez de fleurs de radis et d'omelette, puis servez.

Chirashi SAUMON & THON

- 500 g de riz à sushis (voir la recette p. 7)
- 2 cuill. à soupe de graines de sésame blanc
- 100 g de saumon
- 100 g de thon
- 2 cuill. à café d'œufs de poisson volant (en vente sur Internet, ou remplacez par des œufs de lump)
- 2 cuill. à soupe de wakamé (algue)
- 1 cuill. à soupe de gingembre mariné (voir la recette p. 9)

Pour servir

- Pâte de wasabi
- Sauce soja

Pour 4 à 6 personnes • Préparation : 15 min + temps de préparation du riz • Cuisson : 1 ou 2 min • Difficulté : 1

1. Préparez le riz à sushis. Faites griller les graines de sésame à sec dans une petite poêle. Laissez refroidir le riz et incorporez les graines de sésame.
2. Émincez le saumon et le thon. Répartissez le riz mélangé dans quatre à six bols. Disposez dessus le saumon, le thon, les œufs de poisson, le wakamé et le gingembre mariné. Servez avec le wasabi et la sauce soja.

Chirashi SAUMON & SHIITAKE

- 500 g de riz à sushis (voir la recette p. 7)
- 8 champignons shiitake séchés
- 3 cuill. à soupe de sauce soja
- 1 cuill. à soupe + 2 cuill. à café de sucre en poudre
- 1 cuill. à café de saké
- 3 gros œufs
- 1 cuill. à soupe d'huile végétale
- 250 g de saumon
- Pâte de wasabi
- 1 petit concombre coupé en dés
- 90 g de surimi râpé

Pour décorer

- 3 cuill. à soupe de graines de sésame blanc

Pour 4 à 6 personnes • Préparation : 15 min + temps de préparation du riz • Trempage : 4 h • Marinade : 15 min • Cuisson : 15 à 20 min • Difficulté : 1

1. Préparez le riz à sushis.
2. Laissez tremper les champignons 4 heures dans de l'eau tiède. Égouttez en réservant le liquide. Jetez les pieds et émincez les têtes. Dans une casserole, versez 15 cl d'eau de trempage, 1 cuillerée à soupe de sauce soja, 1 cuillerée à soupe de sucre et le saké. Ajoutez les champignons et laissez mijoter à feu doux jusqu'à ce qu'il ne reste presque plus de liquide. Dans un bol, fouettez les œufs avec 2 cuillerées à café de sucre. Dans une grande poêle, faites chauffer l'huile, puis versez le mélange aux œufs en l'étalant bien pour former une omelette fine. Coupez celle-ci en lanières. Émincez le saumon. Mélangez le reste de sauce soja dans un bol avec un peu de wasabi, ajoutez le saumon et laissez mariner 15 minutes. Égouttez.
3. Transférez le riz dans une grande assiette. Parsemez-le de champignons, de concombre, de surimi et d'omelette. Déposez le saumon au-dessus, décorez de graines de sésame, puis servez.

Dans cette recette, les asperges et les crevettes forment un accord parfait. Hors saison, remplacez les asperges par du brocoli ou des haricots mange-tout.

Chirashi CREVETTES & ŒUFS DE SAUMON

- 500 g de riz à sushis (voir la recette p. 7)
- 5 champignons shiitake séchés
- 2 cuill. à café de sauce soja
- 2 cuill. à café de sucre en poudre + 1 pincée
- 2 cuill. à café de saké
- 2 carottes
- 5 gros œufs
- 1 ou 2 cuill. à soupe d'huile de sésame
- 24 petites pointes d'asperges
- 2 cuill. à soupe de graines de sésame blanc
- 20 grosses crevettes cuites, décortiquées et déveinées
- 4 cuill. à soupe d'œufs de saumon
- Sel

Pour 4 à 6 personnes • Préparation : 15 min + temps de préparation du riz • Trempage : 4 h • Cuisson : 15 à 20 min • Difficulté : 2

1. Préparez le riz à sushis.
2. Laissez tremper les champignons 4 heures dans de l'eau tiède, puis égouttez en réservant le liquide. Coupez les champignons en lamelles de 5 mm d'épaisseur. Dans une casserole, versez l'eau de trempage, la sauce soja, le sucre et 1 cuillerée à café de saké. Ajoutez les champignons, puis laissez mijoter 10 minutes à feu doux.
3. Détaillez les carottes en rubans, puis découpez-les en morceaux de 1 x 0,5 cm. Plongez-les 2 minutes dans une casserole d'eau bouillante salée, additionnée du reste de saké.
4. Battez les œufs avec 1 pincée de sel et 1 pincée de sucre dans un bol. Huilez une poêle chaude et versez la moitié du mélange aux œufs en l'étalant bien de manière à former une omelette fine. Couvrez la poêle et retirez du feu : l'omelette doit rester moelleuse. Transférez-la sur une planche à découper. Laissez-la refroidir, coupez-la en deux, puis repliez chaque moitié plusieurs fois sur elle-même avant de la couper en fines lanières. Répétez l'opération avec le reste du mélange.
5. Plongez les asperges dans une casserole d'eau bouillante pendant 1 ou 2 minutes, afin qu'elles restent encore croquantes. Égouttez-les, puis versez dessus de l'eau glacée pour stopper la cuisson. Coupez-les en biais, en tronçons de 5 mm d'épaisseur.
6. Mélangez le riz et les graines de sésame, puis transférez dans un grand plat creux ou sur un plateau à sushis. Parsemez le riz de champignons, de carottes et d'asperges. Ajoutez des lanières d'omelette, des crevettes et des œufs de saumon, puis servez.

Chirashi COMPLET

- 500 g de riz à sushis (voir la recette p. 7)
- 6 têtes de champignons shiitake séchés
- 50 cl d'eau tiède
- 2 cuill. à soupe de sucre en poudre + 1 pincée
- 1 petite carotte
- 6 haricots mange-tout
- 30 g de kanpyo (copeaux de courge séchés, ou remplacez par des abricots secs)
- 1 ½ cuill. à soupe de sauce soja
- 150 g de pousses de bambou coupées en lamelles de 1 cm
- 8 gros œufs
- 1 ½ cuill. à café de dashi instantané en granulés (bouillon japonais)
- 1 cuill. à soupe de mirin
- 1 cuill. à soupe d'huile végétale
- 350 g de saumon coupé en tranches de 4 mm d'épaisseur
- Sel

Pour 4 à 6 personnes • Préparation : 20 min + temps de préparation du riz • Trempage : 4 h • Cuisson : 30 à 35 min • Difficulté : 2

1. Préparez le riz à sushis. Laissez tremper les champignons 4 heures dans 50 cl d'eau tiède. Égouttez-les en réservant le liquide, puis émincez-les finement. Versez dans une casserole 12 cl d'eau, 1 pincée de sucre et 1 pincée de sel. Hachez la carotte. Ajoutez-la et laissez cuire 3 ou 4 minutes à feu moyen. Équeutez les haricots et faites-les blanchir dans une casserole d'eau bouillante. Égouttez-les, puis émincez-les en biais. Rincez le kanpyo sous l'eau courante. Ajoutez 1 cuillerée à café de sel, mélangez, puis rincez à nouveau. Plongez le kanpyo dans une casserole d'eau bouillante 5 minutes. Égouttez-le, puis hachez-le finement.

2. Versez l'eau de trempage des champignons dans une casserole. Ajoutez les champignons, le reste du sucre, la sauce soja, le kanpyo et les pousses de bambou, puis laissez mijoter 20 minutes, jusqu'à ce qu'il ne reste presque plus de liquide. Battez les œufs dans un bol avec le dashi et le mirin. Faites chauffer une petite poêle huilée à feu doux, versez une louchée de mélange aux œufs et laissez cuire jusqu'à ce que l'omelette soit prise. Répétez l'opération jusqu'à épuisement du mélange, puis coupez les omelettes en fines lanières.

3. Mélangez le riz, la carotte et la préparation aux champignons. Transférez sur un plat de service. Garnissez de saumon, de haricots et d'omelette, puis servez.

Chirashi VÉGÉTARIEN

- 500 g de riz à sushis (voir la recette p. 7)
- 5 champignons shiitake séchés
- 50 cl d'eau tiède
- 2 cuill. à soupe de saké
- 1 cuill. à soupe de mirin
- 2 cuill. à café de sauce soja
- 2 cuill. à café de sucre en poudre
- 2 carottes
- 24 haricots mange-tout
- 5 gros œufs
- 1 cuill. à soupe d'huile végétale
- 2 cuill. à soupe de graines de sésame blanc
- 2 cuill. à soupe de beni shoga (condiment rouge à base de gingembre)
- Sel

Pour 4 à 6 personnes • Préparation : 20 min + temps de préparation du riz • Trempage : 4 h • Cuisson : 25 à 30 min • Difficulté : 2

1. Préparez le riz à sushis. Laissez tremper les champignons 4 heures dans 50 cl d'eau tiède. Égouttez-les et coupez-les en lamelles de 5 mm d'épaisseur. Versez l'eau de trempage dans une casserole, avec 1 cuillerée à soupe de saké, le mirin, la sauce soja et 1 cuillerée à café de sucre. Ajoutez les champignons et laissez mijoter 20 minutes.
2. Détaillez les carottes en rubans, et recoupez-les ensuite en petits morceaux. Plongez-les 2 ou 3 minutes dans une casserole d'eau bouillante salée additionnée du reste de saké. Équeutez les haricots, puis faites-les blanchir dans une casserole d'eau bouillante. Égouttez-les, puis émincez-les en biais.
3. Battez les œufs dans un bol avec 1 pincée de sel et 1 cuillerée à café de sucre. Huilez une poêle chaude et versez la moitié du mélange aux œufs en l'étalant bien de manière à former une omelette fine. Coupez-la en fines lanières et répétez l'opération avec le reste du mélange.
4. Incorporez les graines de sésame au riz. Transférez sur un plat de service. Garnissez de champignons, de carottes, de haricots, de beni shoga et d'omelette, puis servez.

N'hésitez pas à adapter les ingrédients de cette recette. Choisissez des aliments que vous aimez et composez avec ce que vous avez dans vos placards, mais n'oubliez pas de jouer avec la couleur !

Chirashi ARC-EN-CIEL

- 500 g de riz à sushis (voir la recette p. 7)

Pour les champignons
- 8 à 10 champignons shiitake séchés
- 2 cuill. à soupe de sauce soja
- 1 cuill. à soupe de mirin
- 1 cuill. à soupe de miel

Pour les carottes
- 2 carottes moyennes
- 2 cuill. à soupe de sauce soja
- 1 cuill. à soupe de mirin
- 1 cuill. à soupe de sucre en poudre

Pour les petits pois
- 150 g de petits pois surgelés
- 4 cuill. à soupe d'eau
- 1 cuill. à soupe de miel
- 1 pincée de sel

Pour le tofu
- 250 g de tofu ferme
- 1 cuill. à soupe de sauce soja
- 2 cuill. à soupe de miel
- 1/2 cuill. à café de sel

Pour le nori
- 3 ou 4 feuilles de nori

Pour 4 à 6 personnes • Préparation : 20 min + temps de préparation du riz • Trempage : 4 h • Cuisson : 20 à 25 min • Difficulté : 2

1. Préparez le riz à sushis.

Champignons

2. Laissez tremper les champignons 4 heures dans de l'eau froide. Égouttez-les en réservant le liquide et émincez-les finement. Dans une petite casserole, versez 4 cuillerées à soupe d'eau de trempage, la sauce soja, le mirin et le miel. Ajoutez les champignons, puis laissez mijoter 15 minutes à feu doux. Égouttez.

Carottes

3. Coupez les carottes en allumettes. Faites chauffer 12 cl d'eau de trempage des champignons dans une casserole, avec la sauce soja, le mirin et le sucre à feu moyen. Ajoutez les carottes et laissez mijoter 3 ou 4 minutes, jusqu'à ce qu'elles soient tendres. Égouttez.

Petits pois

4. Mettez les petits pois dans une poêle, ajoutez l'eau, le miel et le sel, puis faites-les revenir 2 ou 3 minutes à feu moyen. Réservez.

Tofu

5. Coupez le tofu en allumettes. Réunissez la sauce soja, le miel et le sel dans une poêle à feu moyen et faites revenir le tofu jusqu'à ce qu'il soit doré et parfumé.

Nori

6. Passez brièvement les feuilles de nori au-dessus d'une flamme ou d'une plaque électrique. Avec une paire de ciseaux, coupez-les en deux, empilez les moitiés de feuilles, puis détaillez-les en fines lanières.
7. Répartissez le riz dans quatre à six assiettes. Garnissez-le de champignons, de carottes, de petits pois, de tofu et de nori, disposés séparément. Servez.

Chirashi FACILE

- 500 g de riz à sushis (voir la recette p. 7)
- 1 poignée de haricots verts
- 1 poignée de haricots mange-tout
- 1 petite courgette jaune
- 2 oignons nouveaux
- 1 petit concombre
- 1 carotte moyenne
- 300 g de petits pois surgelés
- 3 cuill. à soupe de graines de sésame
- 3 gros œufs
- 1 cuill. à soupe d'huile d'arachide
- 4 cuill. à soupe de gingembre mariné (voir la recette p. 9)
- Sucre en poudre
- Sel

Pour 4 à 6 personnes • Préparation : 15 min + temps de préparation du riz • Cuisson : 10 min • Difficulté : 1

1. Préparez le riz à sushis.
2. Coupez les haricots verts et les haricots mange-tout en tronçons. Émincez la courgette et les oignons. Pelez le concombre et épépinez-le. Râpez-le ainsi que la carotte. Réunissez les petits pois, les haricots et la courgette dans un cuit-vapeur. Laissez-les cuire 5 minutes, jusqu'à ce que les légumes soient tendres. Faites griller les graines de sésame à sec dans une petite poêle.
3. Battez les œufs avec 1 pincée de sel et 1 pincée de sucre. Faites chauffer l'huile dans une grande poêle et versez le mélange aux œufs en l'étalant bien pour former une omelette fine. Coupez celle-ci en lanières.
4. Incorporez au riz les légumes, les crudités, le sésame, l'omelette et le gingembre mariné. Brassez délicatement le tout, transférez dans des bols, puis servez chaud ou à température ambiante.

Chirashi SAUMON & AVOCAT

- 500 g de riz à sushis (voir la recette p. 7)
- 1 concombre
- 1 branche de céleri
- 180 g de saumon fumé
- 2 avocats
- 4 cuill. à soupe d'œufs de poisson volant (en vente sur Internet, ou remplacez-les par des œufs de lump)

Pour servir

- 40 cl de sauce d'agrumes (voir la recette p. 10)

Pour 4 à 6 personnes • Préparation : 15 min + temps de préparation du riz • Difficulté : 1

1. Préparez le riz à sushis.
2. Détaillez le concombre et le céleri en dés. Coupez le saumon fumé et les avocats en morceaux de la taille d'une bouchée.
3. Incorporez le concombre et le céleri au riz en mélangeant bien. Répartissez ce mélange dans quatre à six assiettes. Garnissez le dessus de saumon et d'avocat, puis de quelques cuillerées à café d'œufs de poisson. Servez avec la sauce d'agrumes.

Vous pouvez remplacer le thon par un autre poisson. Comme il s'agit d'un aliment à consommer cru, veillez à choisir un produit de première fraîcheur et de qualité supérieure, de la même façon que pour les sashimis.

Chirashi THON & SHIITAKE

- 8 champignons shiitake séchés
- 500 g de riz à sushis (voir la recette p. 7)
- 250 g de thon
- 3 cuill. à soupe de sauce soja
- Pâte de wasabi
- 1 ½ cuill. à soupe de sucre en poudre
- 1 cuill. à café de mirin
- 4 gros œufs
- 1 cuill. à soupe d'huile de sésame
- 1 concombre
- 60 g de surimi, saveur crabe
- 4 cuill. à soupe de graines de sésame blanc

Pour servir

- Gingembre mariné (voir la recette p. 9)

Pour 4 à 6 personnes • Préparation : 20 min + temps de préparation du riz • Trempage : 4 h • Marinade : 15 min • Cuisson : 10 à 15 min • Difficulté : 2

1. Laissez tremper les champignons 4 heures dans 50 cl d'eau tiède. Réservez le liquide.
2. Préparez le riz à sushis. Détaillez le thon en lamelles. Laissez-les mariner 15 minutes dans 2 cuillerées à soupe de sauce soja et un peu de wasabi.
3. Coupez les champignons en deux après avoir éliminé le pied. Faites chauffer 15 ml d'eau de trempage dans une petite casserole. Ajoutez les champignons, le reste de sauce soja, 1 cuillerée à soupe de sucre et le mirin. Laissez mijoter à feu doux, jusqu'à ce qu'il ne reste presque plus de liquide. Réservez.
4. Battez les œufs dans un bol avec le sucre restant. Faites chauffer l'huile dans une grande poêle et versez le mélange en l'étalant bien de façon à former une omelette fine. Coupez celle-ci en lanières.
5. Répartissez le riz dans quatre à six bols. Taillez le concombre en julienne et râpez le surimi. Garnissez le dessus des bols de champignons, de concombre, de surimi, d'omelette et de thon. Parsemez le tout de graines de sésame, puis servez avec le gingembre mariné.

Si cette recette vous plaît, vous aimerez aussi...

83
EDOMAE chirashi

84
Chirashi PRINTANIER

88
Chirashi CREVETTES & ŒUFS DE SAUMON

Salade de riz aux CALMARS GRILLÉS

- 500 g de riz à sushis (voir la recette p. 7)

Pour la vinaigrette

- 1 gousse d'ail
- 1 morceau de gingembre de 5 cm
- 1 poignée de menthe, de persil et de coriandre
- Le jus de 1 citron
- 1 cuill. à soupe de sauce soja claire
- 1 cuill. à soupe de miel
- 2 cuill. à soupe d'huile de tournesol

Pour les calmars

- 2 blancs de gros calmars
- 2 cuill. à soupe de sauce aigre-douce (voir la recette p. 10)
- 1 cuill. à soupe d'huile de tournesol
- Sel et poivre du moulin

Pour la salade

- 1 petit concombre
- 1 piment rouge
- 4 oignons nouveaux
- 2 cuill. à soupe de gingembre mariné (voir la recette p. 9)

Pour 4 à 6 personnes • Préparation : 15 min + temps de préparation du riz • Cuisson : 2 min • Difficulté : 1

1. Préparez le riz à sushis.

Vinaigrette

2. Pelez et hachez la gousse d'ail et le gingembre. Mettez tous les ingrédients dans le bol d'un robot et mixez pour obtenir une consistance lisse. Réservez au réfrigérateur.

Calmars

3. Coupez les calmars en anneaux. Préchauffez une poêle ou le gril du four à feu vif. Mélangez la sauce aigre-douce et l'huile, badigeonnez-en les calmars, salez et poivrez généreusement. Faites griller les anneaux 1 minute de chaque côté.

Salade

4. Préparez la salade. Coupez le concombre en petits dés. Épépinez le piment et émincez-le, ainsi que les oignons. Mélangez tous les ingrédients dans un bol.
5. Répartissez le riz dans six assiettes. Garnissez le dessus d'un peu de salade et de calmars. Arrosez d'un filet de vinaigrette, puis servez.

Salade de riz au SAUMON GRILLÉ

- 500 g de riz à sushis (voir la recette p. 7)
- 500 g de filets de saumon sans la peau
- 1 morceau de gingembre de 5 cm
- 2 gousses d'ail
- 1 oignon nouveau
- 1 cuill. à soupe de graines de coriandre écrasées
- 4 cuill. à soupe de saké
- 1 petit ananas
- 15 g de beurre
- 1 cuill. à soupe de paprika en poudre (flocons)
- Le zeste et le jus de 1 citron non traité
- 1 cuill. à café de sucre en poudre
- 1 cuill. à soupe de mirin
- 1 avocat
- 1 petit concombre
- 1 grosse tomate
- 1 petit bouquet de coriandre hachée
- Sel et poivre du moulin

Pour 6 à 8 personnes • Préparation : 25 min + temps de préparation du riz • Marinade : 1 h • Cuisson : 5 à 10 min • Difficulté : 1

1. Préparez le riz à sushis.
2. Mettez le saumon dans un plat. Hachez le gingembre, l'ail et l'oignon. Ajoutez-les au saumon avec les graines de coriandre. Salez, poivrez et arrosez de saké. Laissez mariner 1 heure.
3. Épluchez l'ananas et coupez-le en dés. Faites fondre le beurre dans une poêle moyenne, jusqu'à ce qu'il commence à mousser. Ajoutez le paprika, l'ananas et 2 cuillerées à soupe de la marinade au saké. Laissez réduire jusqu'à ce qu'il ne reste presque plus de liquide.
4. Préchauffez une poêle ou le gril du four à feu vif. Faites griller le saumon 1 ou 2 minutes, puis réservez.
5. Préparez la sauce avec le zeste et le jus de citron, le sucre, 1 pincée de sel et le mirin. Réservez. Détaillez l'avocat, le concombre et la tomate en dés.
6. Incorporez au riz l'avocat, le concombre, la tomate et la coriandre. Répartissez cette salade de riz dans six à huit assiettes. Coupez le saumon en tranches et déposez-le sur le dessus. Ajoutez un peu de mélange à l'ananas, puis servez immédiatement.

菊正宗

Assiette de SASHIMIS

Pour le maquereau

- 250 g de filets de maquereau, avec la peau
- 100 g de gros sel
- 1/2 cuill. à soupe de sucre en poudre
- 12 cl de vinaigre de riz
- 2 cuill. à soupe d'eau
- 1/2 cuill. à soupe de mirin

Pour la dorade

- 250 g de filets de dorade rose
- Quelques feuilles de shiso
- 2 ou 3 très fines tranches de citron non traité

Pour le thon

- 250 g de thon

Pour le saumon

- 250 g de saumon

Pour décorer

- Daïkon (radis blanc japonais) râpé
- Pâte de wasabi

Pour servir

- 1 ou 2 petits bols de sauces à sashimi (voir les recettes p. 106)

Pour 4 à 6 personnes • Préparation : 20 min • Égouttage : 3 ou 4 h • Marinade : 1 h • Difficulté : 2

Maquereau

1. Déposez les filets de maquereau dans un plat creux rempli de gros sel et frottez-les délicatement. Transférez dans une passoire et laissez égoutter 3 ou 4 heures. Rincez abondamment, puis séchez avec un torchon propre. Délayez le sucre dans le vinaigre de riz, l'eau et le mirin dans un grand bol. Ajoutez les filets, laissez mariner 1 heure, puis égouttez. Retirez soigneusement la membrane fine qui recouvre leur peau argentée. Transférez le poisson sur une planche à découper. Faites courir vos doigts sur la chair pour déceler d'éventuelles arêtes et retirez-les à la pince à épiler. Coupez des tranches de 5 mm d'épaisseur, puis déposez-les sur une assiette de service.

Dorade

2. Disposez les filets sur une planche à découper. Faites courir vos doigts sur la chair pour déceler d'éventuelles arêtes et retirez-les à la pince à épiler. Émincez les filets. Déposez les feuilles de shiso sur l'assiette de service, dressez les morceaux de dorade dessus et recouvrez-les de tranches de citron.

Thon

3. Coupez le thon en tranches de 5 mm d'épaisseur et de 5 cm de long. Dressez sur l'assiette de service.

Saumon

4. Coupez le saumon en tranches de 5 mm d'épaisseur et de 5 cm de long. Râpez le daïkon. Déposez-le sur l'assiette de service avec la pâte de wasabi. Servez avec une ou deux sauces à sashimi.

Le vivaneau est l'un des meilleurs poissons blancs à chair ferme que vous puissiez acheter. Sa chair légèrement rosée est aussi savoureuse cuite que crue. Comme il est de règle avec les sashimis, ne transigez pas avec la fraîcheur. Dans le doute, optez pour de la dorade rose ou du bar.

Sashimi de VIVANEAU

- 500 g de filets de vivaneau
- 3 gousses d'ail
- 1 morceau de gingembre de 5 cm
- 2 cuill. à soupe de graines de sésame blanc

Pour décorer

- 12 brins de ciboulette ciselés

Pour servir

- 12 cl de sauce miso & moutarde (voir la recette p. 106)

Pour 4 personnes • Préparation : 15 min • Difficulté : 1

1. Détaillez le poisson en tranches très fines et répartissez-les sur quatre assiettes.
2. Pelez et hachez les gousses d'ail et le gingembre. Faites griller les graines de sésame à sec dans une poêle. Parsemez le poisson d'un peu d'ail et de gingembre, puis de graines de sésame. Décorez de ciboulette.
3. Arrosez chaque portion de 1 cuillerée à soupe de sauce. Servez avec le reste de sauce présenté à part.

Si cette recette vous plaît, vous aimerez aussi...

Assiette de SASHIMIS

Sashimi de LIMANDE SOLE ÉPICÉ

Sashimi de THON GRILLÉ en salade

五月號

Sashimi de LIMANDE SOLE ÉPICÉ

- 350 g de filets de limande sole
- 1 gousse d'ail
- 1 morceau de gingembre de 2,5 cm
- 2 oignons nouveaux + la partie vert tendre de la tige
- 1 piment jalapeño rouge
- 1 piment jalapeño vert
- 1 cuill. à soupe de sauce soja
- 1 cuill. à soupe de jus de yuzu (ou de pamplemousse)
- 2 cuill. à soupe de sauce d'agrumes (voir la recette p. 10)
- 2 cuill. à soupe d'huile d'olive vierge extra

Pour décorer

- Daïkon (radis blanc japonais)
- Quartiers de citron

Pour 4 personnes • Préparation : 20 min • Cuisson : 30 s • Difficulté : 2

1. Émincez les filets de limande sole en tranches très fines et dressez-les sur un plat de service.
2. Pelez les gousses d'ail et le gingembre, puis hachez-les. Émincez les oignons. Épépinez les piments et émincez-les. Parsemez le poisson d'ail, de gingembre, d'oignon et de piment. Arrosez de sauce soja, de jus de yuzu et de sauce d'agrumes.
3. Faites chauffer une petite casserole à feu vif. En vous tenant à distance, versez l'huile dans la casserole et attendez environ 30 secondes. Lorsque l'huile commence à fumer, retirez du feu et arrosez le poisson avec précaution afin d'en griller la surface.
4. Taillez le daïkon en julienne. Décorez de quartiers de citron et de daïkon, puis servez.

Sashimi LIMANDE SOLE & CITRON

- 500 g de filets de limande sole
- 2 citrons non traités
- 4 oignons nouveaux
  + la partie vert tendre de la tige
- 1/2 carotte

Pour servir

- Sauce tosa shoyu
  (voir la recette p. 106)

Pour 4 à 6 personnes • Préparation : 20 min • Difficulté : 2

1. Émincez les filets de limande sole en tranches très fines. Coupez les citrons en deux dans le sens de la longueur, retirez les pépins et détaillez en tranches très fines.
2. Disposez les demi-rondelles de citron en cercle sur des assiettes. Garnissez chaque demi-rondelle d'une tranche de poisson roulée.
3. Émincez finement les oignons et râpez la demi-carotte. Décorez le centre des assiettes d'oignon et de carotte, puis servez avec la sauce tosa shoyu.

Sauce TOSA SHOYU

Pour environ 25 cl • Préparation : 10 min • Marinade : 24 h • Macération : 1 mois • Cuisson : 1 ou 2 min • Difficulté : 1

- 1 carré de kombu (algue séchée) de 5 cm de côté
- 2 cuill. à soupe de mirin
- 5 cuill. à café de saké
- 25 cl de sauce soja sombre
- Quelques poignées de katsuoboshi (flocons de bonite séchée)

1. Essuyez le carré de kombu avec un torchon humide.
2. Faites chauffer le mirin et le saké dans une petite casserole, jusqu'à ce que les vapeurs d'alcool s'élèvent, puis flambez le mélange à l'aide d'une longue allumette.
3. Réunissez tous les ingrédients dans un bol et laissez mariner 24 heures au réfrigérateur.
4. Filtrez le liquide et versez-le dans un bocal. Couvrez, puis laissez macérer au moins 1 mois dans un endroit frais, à l'abri de la lumière. Servez avec une assiette de sashimis.

Sauce MISO & MOUTARDE

Pour environ 25 cl • Préparation : 15 min • Difficulté : 1

- Les jaunes de 2 gros œufs
- 200 g de miso blanc
- 2 cuill. à soupe de saké
- 2 cuill. à soupe de cassonade
- 12 cl + 2 cuill. à soupe d'eau
- 3 cuill. à soupe de moutarde jaune en poudre
- 3 cuill. à soupe de vinaigre de riz

1. Battez les jaunes d'œufs dans un petit bol. Ajoutez le miso, le saké et la cassonade, puis fouettez bien le tout. Incorporez 12 cl d'eau et fouettez à nouveau.
2. Faites chauffer la préparation dans une casserole placée au bain-marie, en remuant jusqu'à épaississement. Retirez du feu et laissez refroidir à température ambiante. Couvrez, puis réservez au réfrigérateur.
3. Juste avant de servir, diluez la moutarde avec les 2 cuillerées à soupe d'eau restantes, puis mélangez au vinaigre de riz. Servez avec une assiette de sashimis.

Sauce SOJA AU SÉSAME

Pour 4 personnes • Préparation : 15 min • Cuisson : 1 ou 2 minutes • Difficulté : 1

- 3 cuill. à soupe de graines de sésame blanc
- 1 cuill. à soupe de mirin
- 12 cl de sauce soja sombre

1. Faites griller les graines de sésame à sec dans une poêle à feu moyen jusqu'à ce qu'elles soient dorées. Pilez-les dans un mortier pour obtenir une pâte.
2. Faites chauffer le mirin dans une petite poêle, à feu moyen. Laissez l'alcool s'évaporer jusqu'à ce qu'il ne reste plus que 1/2 cuillerée à soupe de liquide.
3. Incorporez la pâte de sésame et le mirin à la sauce soja. Servez avec une assiette de sashimis.

Sauce SOJA aux UMEBOSHI

Pour environ 25 cl • Préparation : 10 min • Difficulté : 2

- 4 umeboshi (prunes en saumure)
- 12 cl de sauce soja sombre

1. Réduisez les umeboshi en purée. Passez celle-ci à travers un fin tamis et mélangez-la à la sauce soja en remuant bien.
2. Servez avec une assiette de sashimis.

菊正宗

mizkan
ほんてり

Riche en oméga-3, le thon albacore possède une chair écarlate qui remplace avantageusement celle du thon rouge, actuellement victime de surpêche. Dans cette recette, il est saisi au gril de manière à juste colorer les bords.

Sashimi de THON GRILLÉ en salade

Pour le thon

- 1 cuill. à soupe d'huile de pépins de raisin
- 200 g de filet de thon albacore, en un seul morceau
- Sel et poivre du moulin

Pour la salade

- 1 concombre
- 2 petits daïkon (radis blancs japonais)
- 1/2 endive
- 1/2 trévise
- 1 tige de céleri-branche
- 2 radis
- 1 pointe d'asperge
- 1 carotte
- 2 bourgeons de myoga (gingembre japonais)
- 60 g de racine de lotus
- 1 poignée de feuilles de cresson

Pour la vinaigrette

- 1 petit oignon blanc
- 4 cuill. à soupe de sauce soja
- 2 cuill. à soupe de vinaigre de riz
- 1 cuill. à café de sucre en poudre
- 1/2 cuill. à café de moutarde jaune en poudre
- 1 cuill. à soupe d'eau
- 2 cuill. à soupe d'huile de pépins de raisin
- 2 cuill. à soupe d'huile de sésame
- Sel et poivre du moulin

Pour 4 personnes • Préparation : 20 min • Cuisson : 1 ou 2 min • Difficulté : 2

Thon

1. Huilez un gril et préchauffez-le à feu vif. Salez et poivrez le filet de thon, puis faites-le griller sur ses deux faces – la surface doit tout juste être marbrée – avant de le plonger dans de l'eau glacée. Tamponnez-le soigneusement avec du papier absorbant.

Salade

2. Émincez finement les légumes à l'aide d'un Économe, et placez-les dans un bol d'eau glacée pendant 5 minutes. Égouttez bien. Mélangez les crudités, puis répartissez-les au centre de chaque assiette.
3. Émincez le filet de thon en tranches de 3 mm d'épaisseur. Formez des rouleaux et disposez-les autour des crudités. Décorez de cresson.

Vinaigrette

4. Hachez l'oignon et rincez-le sous l'eau froide pour atténuer son goût prononcé. Égouttez bien.
5. Réunissez l'oignon, la sauce soja, le vinaigre, le sucre, la moutarde, l'eau, le sel et le poivre dans un bol. Fouettez bien le tout.
6. Ajoutez progressivement les deux huiles sans cesser de fouetter.
7. Versez cette vinaigrette sur la salade, puis servez.

Sashimi de SAUMON en salade

- 250 g de saumon sauvage
- 150 g de daïkon (radis blanc japonais)
- 1 grosse carotte
- 4 oignons nouveaux + la partie verte de la tige
- 1 cuill. à soupe de gingembre mariné (voir la recette p. 9)
- 3 cuill. à café de graines de sésame

Pour la vinaigrette

- 2 cuill. à soupe de sauce soja
- 2 cuill. à soupe de mirin
- 1 cuill. à soupe de vinaigre de riz
- 1 cuill. à soupe d'huile végétale
- 1 cuill. à café d'huile de sésame
- 1 cuill. à café de sucre en poudre

Pour 4 à 6 personnes • Préparation : 20 min • Difficulté : 2

1. Émincez le saumon en tranches de 2,5 cm d'épaisseur et 5 cm de largeur. Détaillez le daïkon, la carotte, les oignons et le gingembre mariné en allumettes.
2. Mélangez le saumon et les crudités dans un grand bol.
3. Préparez la vinaigrette. Fouettez la sauce soja, le mirin, le vinaigre, les huiles et le sucre dans un petit bol. Versez cette vinaigrette sur la salade et brassez délicatement le tout.
4. Faites griller les graines de sésame à sec dans une petite poêle. Répartissez la salade dans des assiettes. Saupoudrez de graines de sésame et servez.

Sashimi SAUMON & GINGEMBRE

- 6 cuill. à soupe de sauce soja
- 1 cuill. à café de jus de citron vert
- 1 cuill. à café de jus d'orange
- 250 g de saumon sauvage
- 1 petit morceau de gingembre
- 1 cuill. à soupe de ciboulette ciselée
- 2 cuill. à café de graines de sésame
- 2 cuill. à soupe d'huile de pépins de raisin
- 1 cuill. à café d'huile de sésame asiatique
- 2 cuill. à soupe de feuilles de coriandre

Pour 4 personnes • Préparation : 15 min • Cuisson : 4 ou 5 min • Difficulté : 2

1. Mélangez 2 cuillerées à soupe de sauce soja dans un petit bol avec les jus de citron vert et d'orange. Réservez.
2. Émincez le saumon en tranches de 5 mm d'épaisseur et laissez-les mariner dans le reste de sauce soja pendant 1 minute. Coupez le gingembre en 24 allumettes. Répartissez les tranches de saumon égouttées dans quatre assiettes, puis garnissez-les de gingembre et de ciboulette.
3. Faites griller les graines de sésame à sec dans une petite poêle. Versez les deux huiles dans une casserole et faites-les chauffer environ 2 minutes à feu moyen, jusqu'à ce qu'elles commencent à fumer. Arrosez les tranches de saumon d'huile brûlante, puis ajoutez la sauce soja aux agrumes. Parsemez le tout de graines de sésame et de coriandre, puis servez.

Le maquereau est un poisson à la chair ferme et savoureuse qui a l'avantage d'être disponible toute l'année. Soyez vigilant au moment de l'achat : un spécimen frais se reconnaît à sa peau brillante et colorée.

Sashimi de MAQUEREAU en salade

- 500 g de filets de maquereau
- 100 g de gros sel
- 1 cuill. à soupe de sucre en poudre
- 25 cl de vinaigre de riz
- 4 cuill. à soupe d'eau
- 1 cuill. à soupe de mirin
- 150 g d'edamames (gousses de soja)
- 2 cuill. à soupe de graines de sésame blanc
- 200 g de jeunes pousses de salades mélangées
- 1 pamplemousse rose

Pour la vinaigrette

- 2 cuill. à soupe de jus de citron vert
- 1 cuill. à café de wasabi
- 1 cuill. à café de sauce aigre-douce (voir la recette p. 10)
- 12 cl d'huile d'olive vierge extra
- Sel et poivre du moulin

Pour 6 personnes • Préparation : 20 min • Égouttage : 3 ou 4 h • Marinade : 1 h • Cuisson : 2 min • Difficulté : 2

1. Déposez les filets de maquereaux dans un plat creux rempli de gros sel et frottez-les délicatement. Transférez-les dans une passoire et laissez-les égoutter 3 ou 4 heures. Rincez-les abondamment, puis séchez-les avec un torchon propre.
2. Délayez le sucre dans le vinaigre de riz, l'eau et le mirin dans un bol. Mettez les filets dans un plat et arrosez de sauce, laissez mariner 1 heure (la chair devient blanche), puis égouttez. Retirez soigneusement la membrane fine qui recouvre la peau argentée des filets.
3. Transférez le poisson sur une planche à découper. Faites courir vos doigts sur la chair pour déceler d'éventuelles arêtes et retirez-les à la pince à épiler. Détaillez les filets en dés.
4. Faites blanchir les edamames 2 minutes dans une casserole d'eau bouillante. Égouttez et laissez refroidir. Faites griller les graines de sésame à sec dans une petite poêle.
5. Mettez les feuilles de salade dans un saladier. Épluchez le pamplemousse, coupez-le en quartiers, puis recoupez chaque quartier en deux. Ajoutez les edamames, les filets de maquereau et le pamplemousse dans le saladier. Brassez le tout et saupoudrez de graines de sésame.
6. Préparez la vinaigrette. Dans un bol, fouettez le jus de citron, le wasabi, la sauce aigre-douce et l'huile. Quand le mélange est bien homogène, salez et poivrez. Arrosez la salade avec cette vinaigrette, puis servez.

Soupes miso

Soupe miso CREVETTES & NOUILLES UDON

- 350 g de nouilles udon
- 500 g de petites crevettes cuites
- 150 g de tofu soyeux ferme
- 2 l d'eau
- 200 g de pâte de miso blanc
- 1 morceau de gingembre de 2,5 cm
- 1 botte d'asperges
- 2 cuill. à soupe de sauce soja
- 350 g de champignons mélangés (pleurotes, shiitake, champignons de Paris...)
- 100 g de jeunes pousses d'épinards
- 2 oignons nouveaux

Pour 6 à 8 personnes • Préparation : 10 min • Cuisson : 10 à 15 min • Difficulté : 1

1. Faites cuire les nouilles environ 8 minutes dans une grande casserole d'eau bouillante. Égouttez-les, puis répartissez-les dans six à huit bols.
2. Ôtez la tête des crevettes et décortiquez-les. Coupez le tofu en petits dés. Ajoutez les crevettes et le tofu dans les bols.
3. Versez l'eau dans une casserole à feu moyen à fort. Ajoutez le miso et portez à ébullition en fouettant régulièrement, jusqu'à complète dissolution de la pâte.
4. Pelez le gingembre et râpez-le. Équeutez les asperges et coupez-les en biais. Réduisez le feu, ajoutez le gingembre et la sauce soja. Laissez mijoter 2 minutes. Ajoutez les asperges, les champignons et les épinards, puis laissez mijoter encore 30 secondes, jusqu'à ce que les épinards soient flétris.
5. Émincez les oignons. Versez la soupe sur les nouilles, parsemez d'oignons et servez chaud.

Si cette recette vous plaît, vous aimerez aussi...

Soupe miso
aux NOUILLES SOBA

Soupe miso
au FENOUIL

Soupe miso
ENOKI & OIGNONS

Soupe miso aux NOUILLES SOBA

Pour 4 personnes • Préparation : 10 min •
Trempage : 30 min • Cuisson : 15 à 20 min • Difficulté : 1

- 15 g de champignons shiitake séchés
- 35 cl d'eau bouillante
- 250 g de nouilles soba
- 1,5 l d'eau froide
- 1 morceau de gingembre de 2,5 cm, émincé
- 2 cuill. à soupe de pâte de miso rouge
- 3 cuill. à soupe de pâte de miso blanc
- 3 oignons nouveaux émincés
- 120 g de champignons de Paris, émincés

1. Laissez tremper les champignons 30 minutes dans l'eau bouillante, égouttez-les, puis émincez-les finement. Réservez le liquide. Faites cuire les nouilles 4 ou 5 minutes dans une casserole d'eau bouillante. Égouttez-les.
2. Versez l'eau froide et le gingembre dans une casserole, ajoutez l'eau de trempage et portez à ébullition. Réduisez le feu, ajoutez le miso et fouettez pour homogénéiser le tout. Ajoutez les oignons, les shiitake et les champignons de Paris. Remuez bien.
3. Répartissez les nouilles et la soupe dans quatre bols. Servez chaud.

Soupe miso NOUILLES & TOFU

Pour 4 personnes • Préparation : 15 min •
Cuisson : 5 à 10 min • Difficulté : 1

- 1,5 l d'eau bouillante
- 2 cuill. à soupe de pâte de miso blanc
- 350 g de nouilles udon
- 2 carottes coupées en allumettes
- 2 oignons nouveaux émincés
- 1 botte d'asperges équeutées et coupées en biais
- 350 g de tofu soyeux coupé en petits dés
- 4 cuill. à soupe de ciboulette ciselée

1. Versez l'eau bouillante dans une grande casserole à feu moyen. Ajoutez le miso, remuez bien, puis réduisez le feu. Ajoutez les nouilles en remuant pour les séparer, puis les carottes, les oignons et les asperges. Laissez mijoter 1 ou 2 minutes, jusqu'à ce que les asperges soient juste tendres et prennent une couleur vert vif.
2. Répartissez les nouilles et la soupe dans quatre bols. Garnissez de tofu et parsemez de ciboulette. Servez chaud.

Soupe miso au FENOUIL

Pour 6 personnes • Préparation : 20 min •
Cuisson : 35 à 45 min • Difficulté : 2

- 2 cuill. à soupe d'huile végétale
- 500 g de bulbes de fenouil, émincés
- 1 carotte coupée en rubans
- 2 blancs de poireau émincés
- 2 pommes de terre coupées en dés
- 1 morceau de gingembre de 2,5 cm, haché
- 1 gousse d'ail finement hachée
- 1/2 petit piment vert, épépiné et émincé
- 1 petit piment rouge, épépiné et émincé
- 1 cuill. à café de graines de fenouil
- 3 cuill. à soupe de miso d'orge
- 1,5 l d'eau bouillante
- 150 g de cresson haché + un peu pour décorer
- 5 haricots mange-tout coupés en deux
- 1 cuill. à soupe de jus de citron
- Sel

1. Faites chauffer l'huile dans une grande cocotte à feu moyen. Faites revenir le fenouil, la carotte, les poireaux et les pommes de terre 8 à 10 minutes. Incorporez le gingembre, l'ail, les piments et les graines de fenouil. Salez. Prolongez la cuisson 10 minutes à feu doux.
2. Délayez le miso dans 12 cl d'eau bouillante. Versez ce mélange avec le reste d'eau dans la cocotte. Laissez mijoter de 15 à 20 minutes. Ajoutez le cresson, les haricots et le jus de citron. Prolongez la cuisson 3 minutes, décorez de cresson et servez chaud.

Soupe miso POMMES DE TERRE & WAKAMÉ

Pour 6 à 8 personnes • Préparation : 10 min •
Cuisson : 10 à 15 min • Difficulté : 1

- 1,5 l d'eau bouillante
- 2 cuill. à soupe de dashi instantané (bouillon japonais) en granulés
- 400 g de pommes de terre coupées en dés
- 5 cuill. à soupe de pâte de miso blanc
- 2 cuill. à café de wakamé (algue)

1. Versez l'eau bouillante dans une casserole à feu moyen, ajoutez le dashi et remuez bien.
2. Ajoutez les pommes de terre et laissez mijoter 8 à 10 minutes, jusqu'à ce qu'elles soient presque tendres.
3. Délayez le miso dans une louchée de bouillon chaud, dans un petit bol, en fouettant bien pour éliminer les grumeaux. Quand le mélange est homogène, versez-le lentement dans la casserole en fouettant sans cesse.
4. Ajoutez le wakamé et laissez mijoter 1 ou 2 minutes. Servez chaud dans des petits bols.

Soupe miso ENOKI & OIGNONS

- 2 cuill. à soupe de dashi instantané (bouillon japonais) en granulés
- 1,5 l d'eau bouillante
- 120 g d'enoki (champignons asiatiques)
- 2 cuill. à soupe de pâte de miso rouge
- 3 cuill. à soupe de pâte de miso blanc
- 120 g de tofu soyeux
- 2 oignons nouveaux

Pour 6 à 8 personnes • Préparation : 10 min • Cuisson : 8 à 10 min • Difficulté : 1

1. Délayez le dashi dans une casserole avec l'eau bouillante en remuant bien. Ajoutez les enoki.
2. Délayez les deux pâtes de miso dans un petit bol dans une louchée de bouillon chaud. Fouettez bien pour éliminer les grumeaux. Quand le mélange est homogène, versez-le lentement dans la casserole sans cesser de fouetter. Coupez le tofu en petits dés. Émincez les oignons. Ajoutez le tofu et portez le bouillon à ébullition. Ajoutez les oignons, puis laissez mijoter encore 1 ou 2 minutes.
3. Répartissez la soupe dans six à huit bols et servez chaud.

Soupe miso ASPERGES & TOFU

- 2 cuill. à soupe de dashi instantané (bouillon japonais) en granulés
- 1,5 l d'eau bouillante
- 12 pointes d'asperge
- 5 cuill. à soupe de pâte de miso blanc
- 350 g de tofu soyeux
- 2 cuill. à soupe de mirin
- 2 cuill. à soupe de sauce soja

Pour 6 à 8 personnes • Préparation : 10 min • Cuisson : 8 à 10 min • Difficulté : 1

1. Délayez le dashi dans une casserole avec l'eau bouillante en mélangeant bien. Ajoutez les asperges et laissez mijoter 3 minutes à feu moyen.
2. Délayez le miso dans un petit bol dans une louchée de bouillon chaud. Fouettez bien pour éliminer les grumeaux. Quand le mélange est homogène, versez-le dans la casserole sans cesser de fouetter. Coupez le tofu en petits dés. Ajoutez le mirin, la sauce soja et le tofu, puis laissez mijoter doucement sans atteindre l'ébullition.
3. Répartissez la soupe dans six à huit bols et servez chaud.

INDEX